심리학 용어
도감

심리학 용어 도감

도감

사이토 이사무 감수 | 다나카 마사토 지음 | 김지수 감역 | 김기태 옮김

BM (주)도서출판 성안당

차 례

심리학자 명감

심리학 용어 도감

▶ 인간관계의 심리학

▶ 사회심리학

이 책의 사용법

이 책은 〈심리학자 명감〉과 〈심리학 용어 도감〉 두 파트로 구성되어 있다.
〈심리학자 명감〉 파트에서는, 〈심리학 용어 도감〉 파트에서 그림으로 설명하는 용어와의
연관성과 96명의 인물을 소개하고 있다.

심리학자 명감

인물
이 책에서 설명하는 용어와
관련이 깊은 심리학자
96명의 일러스트

국가
출신지 등 해당 심리학자와
관련 깊은 국가

프로필
해당 심리학자의
프로필을 소개

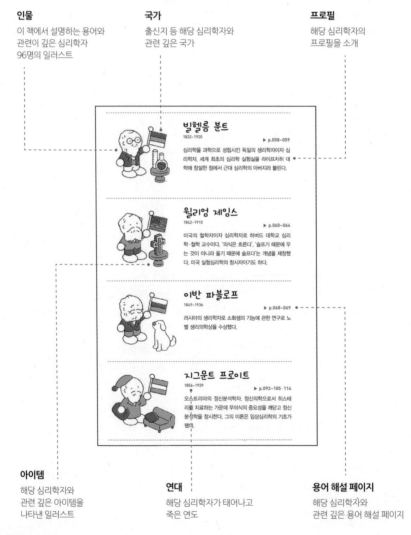

빌헬름 분트
1832-1920
▶ p.058-059
심리학을 과학으로 성립시킨 독일의 생리학자이자 심
리학자. 세계 최초의 심리학 실험실을 라이프치히 대
학에 창설한 점에서 근대 심리학의 아버지라 불린다.

윌리엄 제임스
1842-1910
▶ p.060-064
미국의 철학자이자 심리학자로 하버드 대학교 심리
학·철학 교수이다. '의식은 흐른다', '슬프기 때문에 우
는 것이 아니라 울기 때문에 슬프다'는 개념을 제창했
다. 미국 실험심리학의 창시자이기도 하다.

이반 파블로프
1849-1936
▶ p.068-069
러시아의 생리학자로 소화샘의 기능에 관한 연구로 노
벨 생리의학상을 수상했다.

지그문트 프로이트
1856-1939
▶ p.092-105·114
오스트리아의 정신분석학자. 정신의학자로서 히스테
리를 치료하는 가운데 무의식의 중요성을 깨닫고 정신
분석학을 창시한다. 그의 이론은 임상심리의 기초가
됐다.

아이템
해당 심리학자와
관련 깊은 아이템을
나타낸 일러스트

연대
해당 심리학자가 태어나고
죽은 연도

용어 해설 페이지
해당 심리학자와
관련 깊은 용어 해설 페이지

〈심리학 용어 도감〉은 이 책의 메인 파트로 심리학의 탄생부터 성격의 심리학까지 10장으로 나누어 150개 이상의 주요 심리학 용어가 해설되어 있으니 이 파트부터 읽으면 좋다. 심리학의 탄생부터 순서대로 읽어 나가면 심리학의 역사가 어떤 변화를 거쳐 현재에 이르렀는지 큰 흐름을 이해할 수 있다. 또 앞 페이지에서 설명한 용어는 뒤쪽 해설에 등장하므로 처음부터 읽으면 무리 없이 넘어갈 수 있다.

심리학자 용어 도감

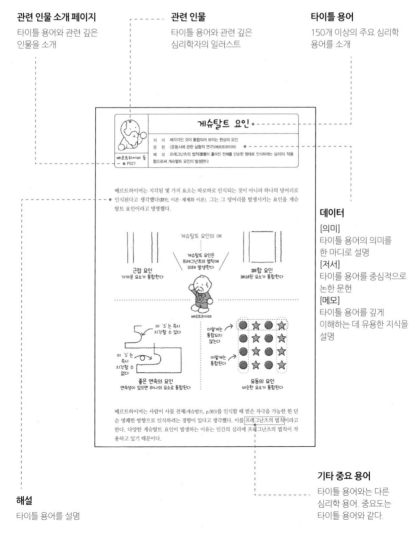

관련 인물 소개 페이지
타이틀 용어와 관련 깊은
인물을 소개

관련 인물
타이틀 용어와 관련 깊은
심리학자의 일러스트

타이틀 용어
150개 이상의 주요 심리학
용어를 소개

데이터
[의미]
타이틀 용어의 의미를
한 마디로 설명
[저서]
타이틀 용어를 중심적으로
논한 문헌
[메모]
타이틀 용어를 깊게
이해하는 데 유용한 지식을
설명

기타 중요 용어
타이틀 용어와는 다른
심리학 용어. 중요도는
타이틀 용어와 같다.

해설
타이틀 용어를 설명

심리학자 명감

히포크라테스

BC460?~BC370?

▶ p.052·274

고대 그리스의 의사. 건강과 질병, 자연현상으로 인식하고 치료에서 주술과 종교를 분리해서 과학에 기초한 의학의 기초를 다졌다. 의성醫聖 내지 의학의 아버지 등으로 불린다.

플라톤

BC427?~BC347?

▶ p.050~051

고대 그리스의 철학자. 아테네의 명가에서 태어나 소크라테스에게 배운다. 그의 철학은 진정한 실재를 이데아로 추구하는 이데아론을 중심으로 한다. 인간의 혼은 이성·기개·욕구로 이루어진다고 생각했다.

갈레노스

129?~200?

▶ p.052

로마제국시대의 그리스 의학자. 제16대 로마 황제 마르쿠스 아우렐리우스의 전의典醫를 맡았다. 체액의 균형으로 기질(성격)이 결정된다는 4기질설을 주장했다.

르네 데카르트

1596~1650

▶ p.053~054

프랑스의 철학자. '나는 생각한다 고로 존재한다'라는 말로 유명하다. 진리의 추구를 방법적 회의라는 이성적 방법으로 추구하려 했다. 〈정념론〉에서 감정을 기쁨, 슬픔 등으로 분류했다.

존 로크
1632~1704
▶ p.055

영국의 철학자. 영국 경험론의 아버지라 불린다. 마음은 원래 백지이며 모든 관념은 타고 나는 것이 아니라 경험에 의해서 획득한다고 주장하고 교육의 중요성을 강조했다.

임마누엘 칸트
1724~1804
▶ p.058

독일의 철학자로 동東 프로이센의 쾨니히스베르크 출신이다. 영국의 경험론을 도입한 인식론을 제창하고 훗날 서양 철학에 큰 영향을 미쳤다. 코페르니쿠스적 전환이라는 말도 유명하다.

구스타프 페히너
1801~1887
▶ p.057

독일의 물리학자이자 심리학자이다. 신체와 정신의 관계성에 주목한 정신물리학을 창시하고 과학으로서의 심리학이 성립하는 기초를 구축했다. 페히너의 법칙으로도 잘 알려져 있다.

프랜시스 골턴
1822~1911
▶ p.056

영국의 인류유전학자이자 생물통계학자로 심리학에 통계학을 도입한 인물이다. 진화론으로 알려진 다윈의 사촌 동생이다. 성격과 지능에 미치는 유전과 환경의 영향을 알기 위한 쌍둥이 연구법을 개발했다.

빌헬름 분트
1832~1920

▶ p.058~059

심리학을 과학으로 성립시킨 독일의 생리학자이자 심리학자. 세계 최초의 심리학 실험실을 라이프치히 대학에 창설한 점에서 근대 실험심리학의 아버지라 불린다.

윌리엄 제임스
1842~1910

▶ p.060~064

미국의 철학자이자 심리학자로 하버드 대학교 심리학·철학 교수이다. '의식은 흐른다', '슬프기 때문에 우는 것이 아니라 울기 때문에 슬프다'는 개념을 제창했다. 미국 실험심리학의 창시자이기도 하다.

이반 파블로프
1849~1936

▶ p.068~069

러시아의 생리학자로 소화샘의 기능에 관한 연구로 노벨 생리의학상을 수상했다.

지그문트 프로이트
1856~1939

▶ p.092~105·114

오스트리아의 정신분석학자. 정신의학으로서 히스테리를 치료하는 가운데 무의식의 중요성을 깨닫고 정신분석학을 창시한다. 그의 이론은 임상심리학의 기초가 됐다.

알프레드 비네

1857~1911

▶ p.065

소르본 대학에 심리학 실험실을 창설한 프랑스의 심리학자. 의사 시몬의 협력을 얻어 지능검사를 개발하고 훗날 정신연령이라는 개념을 제창했다.

에밀 뒤르켐

1858~1917

▶ p.228~232

프랑스의 사회학자로 파리 고등사범학교 졸업 후 독일에서 사회학 등을 배운다. 소르본 대학의 교수를 맡으며 실증적 방법에 기초한 사회학의 확립에 기여했다. 자살을 4가지 유형으로 분류한 〈자살론〉으로도 유명하다.

막시밀리언 링겔만

1861~1931

▶ p.258

프랑스의 농학자. 줄다리기를 하는 사람의 숫자가 늘어남에 따라 개인의 역량이 저하하는 것을 규명했다. 링겔만 효과 또는 사회적인 태만이라고 한다.

찰스 E. 스피어먼

1863~1945

▶ p.164

영국의 심리학자로 라이프치히 대학에서 분트에게 배우고 박사 학위를 취득한다. 이후 런던 대학의 교수를 역임했다. 기능 연구에 상관계수를 도입하여 인자분석적 연구의 기초를 다졌다.

알프레드 아들러
1870~1937　　　　　　　　　　　▶ p.116~123

오스트리아의 정신분석학자. 프로이트와 공동 연구를
하지만 리비드(성적인 본능의 에너지)를 중시하는 프로
이트의 이론과 의견과 대립하면서 갈라섰다. 열등 콤
플렉스를 중시하며 훗날 개인심리학(아들러 심리학)을
창시했다.

에드워드 L. 손다이크
1874~1949　　　　　　　　　▶ p.070~071·192

미국의 심리학자로 하버드 대학에서 제임스에게서 배
운 후 콜롬비아 대학으로 갔다. 이 대학에서 고양이를
이용한 유명한 '문제상자' 실험을 실시하고 효과의 법
칙을 제창했다.

칼 융
1875~1961　　　　　　　　　　　▶ p.106~111

스위스의 정신분석학자. 한때 프로이트와 공동 연구를
했지만 의견 차이로 결별했다. 그가 창시한 분석심리
학의 개념은 인류의 무의식을 다루고 인류학과 민속학
등에도 영향을 미쳤다.

존 B. 왓슨
1878~1958　　　　　　　　　　　▶ p.072~073

미국 행동주의심리학의 창시자로 시카고 대학에서 심
리학, 생리학, 신경학을 공부했다. 학습에서 S-R 이론
등의 연구로 과학적 심리학의 방향을 세웠다.

막스 베르트하이머

1882~1943

▶ p.082~086

독일의 심리학자로 인지심리학의 기초인 게슈탈트 심리학 창설자 중 한 명이다. 이를 실증하기 위해 프랑크푸르트 대학에서 가현운동假現運動의 지각실험을 진행했다. 나치를 피해 인해 미국으로 건너갔다.

에두아르트 슈프랑거

1882~1963

▶ p.278

독일의 철학자, 심리학자, 교육학자이다. 베를린 대학에서 W. 딜타이로부터 철학을 배우고 문화철학과 교육학 분야에서 활약했다. 심리학에서는 가치관의 연구로 유명하다.

헤르만 로르샤흐

1884~1922

▶ p.284~285

스위스의 정신과학자로 예술가를 꿈꿨지만 진로를 바꿔 취리히 대학에서 정신의학을 공부했다. 잉크가 스며드는 모양을 보고 성격이나 심층심리를 진단하는 로르샤흐 검사를 개발했다.

에드가 루빈

1886~1951

▶ p.087

덴마크의 심리학자. 심리학 관련 유명 도형 '루빈의 꽃병'을 고안했다. 그의 전경과 배경 연구는 훗날 게슈탈트 심리학과 인지심리학의 중요 개념으로 도입됐다.

에드워드 톨만
1886~1959
▶ p.076~077

미국의 심리학자로 MIT에서 학위를 취득하고 하버드 대학 대학원에서 철학과 심리학을 공부한다. 캘리포니아 대학 교수를 역임했다. 그의 목적적 행동주의는 레빈(게슈탈트 심리학)의 영향을 받았다.

프레드릭 C. 바틀렛
1886~1969
▶ p.154~155

영국의 심리학자. 케임브리지 대학에서 심리학을 공부하고 훗날 동 대학의 교수가 된다. 기억의 사회적 영향과 기억의 감쇄설 및 변용설의 실험적 연구로 알려져 있다.

루이스 L. 서스톤
1887~1955
▶ p.165

미국의 심리학자로 코넬 대학에서 공학을 공부하고 T. 에디슨의 조수를 거쳐 시카고 대학 대학원에서 심리학을 배웠다. 지능의 다요인설과 이를 산출하는 심리통계법인 다인자 분석법을 개발했다.

볼프강 쾰러
1887~1967
▶ p.089

에스토니아 출신의 독일 심리학자로 게슈탈트 심리학의 창설자 중 한 명이다. 시행착오에 의해서 학습하는 쥐 등과 달리 유인원은 시행착오에 의존하지 않는 통찰학습을 한다는 것을 실험으로 증명했다.

에른스트 크레치머

1888~1964 ▶ p.276

독일의 정신병리학자로 튀빙겐 대학에서 정신의학 및 신경의학 교수를 맡았다. 체격과 성격의 관련성을 연구한 성격유형론을 제창한 것으로 알려져 있다.

쿠르트 레빈

1890~1947 ▶ p.088 · 218~227

독일 출신으로 미국에서 활동한 심리학자이다. 베를린 대학 조수 시절에 게슈탈트 심리학의 영향을 받는다. 미국으로 망명한 후 그룹 다이내믹스(집단역학)를 연구한다. 장 이론Field Theory을 제창하고 리더십 실험을 한 것으로도 유명하다.

프레드릭 S. 펄즈

1893~1970 ▶ p.124~125

'지금, 여기'를 중용하게 여기는 게슈탈트 치료를 창시한 독일계 유대인 정신분석의사. 베를린 대학에서 의학을 공부한 후 나치에 의한 박해에서 벗어나기 위해 네덜란드로 도망갔다가 이후 미국으로 건너갔다.

안나 프로이트

1895~1982 ▶ p.100~101

빈 출신의 영국의 정신분석학자이다. 지그문트 프로이트의 막내딸로 아동정신분석의 개척자이다. 아버지로부터 배운 정신분석의 자아방어기제 이론을 발전시켜 자아심리학의 확립에 공헌했다.

장 피아제

1896~1980 ▶ p.160~163

스위스의 심리학자. 뇌샤텔 대학에서 동물학 학위를
취득한 후 로잔 대학 등에서 심리학을 공부한다. 아이
의 사고에 관한 인지발달이론은 후세에 큰 영향을 미
쳤다.

프리츠 하이더

1896~1988 ▶ p.187

오스트리아 출신으로 미국에서 활동한 사회심리학자.
베를린 대학에서 베르트하이머 등의 영향을 받고 미국
으로 건너간 후 캔자스 대학에서 교수를 역임한다. 균
형이론과 귀속(귀인)이론으로 알려져 있다.

고든 W. 올포트

1897~1967 ▶ p.274~275

미국의 심리학자로 하버드 대학에서 박사 학위를 취득
하고 동 대학의 교수를 역임한다. 퍼스널리티(성격) 연
구에 공헌하며 사전에서 성격에 관한 용어를 수집하여
성격 특성론의 개념을 제창했다.

조이 P. 길퍼드

1897~1987 ▶ p.166

미국의 심리학자. 코넬 대학에서 에드워드 티치너에게
배우고 학위를 취득한다. 심리측정학회 회장, 미국심
리학회 회장 등을 역임한다. 지능의 구조 모델과 정신
측정법의 연구로 알려져 있다.

윌리엄 H. 셸던
1898~1977 ▶ p.277

미국의 심리학자. 시카고 대학에서 심리학과 의학 학위를 취득한다. 시카고 대학 교수와 콜롬비아 대학 체질연구소 소장을 역임한다. 측정과 조사에 기초한 체격과 성격에 관한 유형론적 연구로 유명하다.

에리히 프롬
1900~1980 ▶ p.242~245

독일 출신의 사회심리학자. 하이델베르크 대학에서 사회학과 심리학을 공부한다. 나치의 박해를 피해 미국으로 건너간다. 정신분석의 개념을 사회학에 응용하여 사회적 성격의 개념을 제창했다.

그레고리 라즈란
1901~1973 ▶ p.212

미국의 심리학자로 러시아 제국의 도시 슬루츠크 근교 마을에서 태어나 1920년에 미국으로 이주, 콜롬비아 대학에서 박사 학위를 취득했다. 대인관계를 좋아지게 하는 런천 테크닉을 개발했다.

칼 로저스
1902~1987 ▶ p.126~131

카운슬링에서 비지시적 치료와 인간 중심 치료를 창시한 미국의 심리학자. 위스콘신 대학에서 농학을 배운 이후 콜롬비아 대학 대학원에서 교육심리학과 임상심리학을 공부했다.

에릭 에릭슨

1902~1994

▶ p.168~172

독일 출신, 미국의 정신분석학자. 화가를 꿈꾸다가 빈 정신분석학연구소에서 분석가 자격을 취득한다. 미국으로 건너간 후 자아의 발달 과제 연구로 청년기의 자아동일성 위기 개념을 제창했다.

시어도어 뉴컴

1903~1984

▶ p.193

미시간 대학에서 교수를 맡은 미국의 사회심리학자. 여학생의 태도 변화를 연구한 '베닝턴 칼리지 조사'와 대인관계에서 상호작용을 설명하는 'A-B-X 모델'을 제기한 것을 유명하다.

콘라트 로렌츠

1903~1989

▶ p.174

오스트리아의 동물학자. 빈 대학 의학부에서 의사 자격을 얻은 후 동 대학에서 동물학을 공부하고 비교행동학을 제창한다. 공격과 각인에 관한 연구로 유명하다. 노벨 생리의학상을 수상했다.

벌허스 F. 스키너

1904~1990

▶ p.074~075

스키너 상자를 사용한 실험으로 조작적 조건형성operant conditioning을 이론화한 미국의 심리학자. 행동분석학 창시자로도 불리며 프로그램 학습의 발전에도 영향을 미쳤다.

해리 F. 할로

1905~1981

▶ p.175

미국의 심리학자. 스탠포드 대학에서 학위를 취득한
후 위스콘신 대학 심리학 교수직에 오른다. 대리모 실
험 등 원숭이를 이용한 스킨십과 애정을 연구했다.

레이몬드 카텔

1905~1998

▶ p.167 · P280

영국 태생의 심리학자로 런던 대학에서 심리학 박사 학
위를 취득한다. 미국으로 건너간 후 클라크 대학, 하버
드 대학, 일리노이 대학의 교수를 맡는다. 유동성 지능
과 결정성 지능의 발견과 16특성 인자론으로 유명하다.

존 볼비

1907~1990

▶ p.176~177

영국의 아동정신분석학자이자 정신의학자. WHO(세
계보건기구)의 정신건강 고문도 역임했다. 고아원 등
시설에서 자란 아이들의 정신건강 문제를 연구하고 모
성적 양육의 중요성과 애착의 개념을 제기했다.

솔로몬 애쉬

1907~1996

▶ p.236~239

폴란드 태생으로 미국에서 활동한 사회심리학자. 켈러
와 공동 연구한 경험도 있고 게슈탈트 심리학에서 강
한 영향을 받는다. 인상 형성과 동조행동 등 실험사회
심리학 연구로 유명하다.

솔 로젠윅

1907~2004

▶ p.282~283

미국의 심리학자. 하버드 대학을 수석으로 졸업하고 동
대학에서 박사 학위를 취득한다. 욕구불만에 대한 반
응으로 성격을 분석하는 회화–욕구불만 테스트Picture-
Frustration Study(PF 스터디)를 개발했다.

에이브러햄 매슬로

1908~1970

▶ p.288~291

미국의 심리학자. 브랜다이스 대학 교수와 미국심리학
회 회장을 역임했다. 그가 주장한 욕구계층설과 자기
실현이론은 인간성 심리학으로서 경영학 등 다른 분야
에서도 자주 언급된다.

로버트 R. 시어즈

1908~1989

▶ p.173

미국의 심리학자로 예일 대학 대학원에서 학위를 취
득한다. 아이오와 대학 아동복지연구부의 관리직 등을
역임했다. 유아의 모친에 대한 애정은 생리적 욕구와
같은 1차적인 요인의 충족에 의해 성립된다고 했다.

조지 C. 호만스

1910~1989

▶ p.254~255

미국의 사회학자로 하버드 대학 영미문학과를 졸업한
다. 일자리를 알아보던 중에 과학사가 헨더슨이 주재
하는 사회학 세미나에 참가한 것을 계기로 사회학자의
길을 걷게 된다. 사회적 교환이론 제창자이다.

로버트 킹 머튼

1910~2003

▶ p.246~247

미국의 사회학자로 콜롬비아 대학 교수를 역임했다.
매스 커뮤니케이션 이론 연구 등으로 유명하다. 또한
준거집단과 예언의 자기성취 등 사회학의 이론적 발전
에 공헌했다.

앨버트 엘리스

1913~2007

▶ p.132~133

미국의 임상심리학자로 콜롬비아 대학에서 임상심리
학 박사 학위를 취득한다. 시간이 걸리는 정신분석에
이의를 제기하고 단기간의 치료brief therapy를 지향하
는 논리치료(ABC 이론)를 개발했다.

콜린 체리

1914~1979

▶ p.146

영국의 인지심리학자. 칵테일파티 효과를 주장하고
좌우 각각의 귀에 다른 단어를 들려주면서 한쪽 귀에
주의를 돌리게 하는 이분법적 듣기(양분 청취)dichotic
listening 실험으로 유명하다.

버트럼 포러

1914~2000

▶ p.286~287

미국의 심리학자로 UCLA에서 심리학 박사 학위를
취득했다. 로스앤절레스의 은퇴 군인 클리닉에 근무했
다. 점이 맞는 심리, 버트럼 효과(포러 효과 또는 바넘
효과) 실험으로 유명하다.

에드워드 T. 홀

1914~2009

▶ p.204

미국의 문화인류학자. 컬럼비아 대학에서 박사 학위를 받았다. 노스웨스턴 대학 등에서 교수를 역임했다. 개체공간 연구로 유명하며, 비언어적 커뮤니케이션 연구에 큰 영향을 끼쳤다.

조셉 볼프

1915~1997

▶ p.078

남아프리카 공화국 출신의 정신과의사. 제2차 세계대전 당시 군의관으로 복무하면서 신경증에 시달리는 군인을 진단했다. 행동치료의 체계적 둔감법을 제창한 것으로 유명하다.

한스 J. 아이젱크

1916~1997

▶ p.279

독일 태생의 영국의 성격심리학자. 런던 대학에서 심리학 교수와 모즐리 병원 정신의학부 심리학연구실 부장을 지냈다. 성격 검사인 MPI의 개발자로 유명하다.

헨리 타즈펠

1919~1982

▶ p.261~263

폴란드 출신의 사회심리학자. 제2차 세계대전 중 나치에 체포되어 5년간 수용소 생활을 보내고 해방 후 심리학을 배운다. 나중에 브리스틀 대학 교수를 지냈다. 사회 정체성 개념을 제창했다.

레온 페스팅거

1919~1989

▶ p.194~195

미국의 사회심리학 전문가. 아이오와 대학에서 레빈에게 배우고 박사 학위를 받았다. 미네소타 대학, 스탠포드 대학 등에서 교수를 지냈다. 인지적 부조화 이론의 지지자로 유명하다.

버나드 스틴자

1920~2010

▶ p.214~215

미국의 사회심리학자. 1950년에 〈Journal of abnormal and social psychology〉에 발표한, 회의에서 좌석을 취하는 방법과 그 자리의 인간관계를 법칙화한 '스틴자의 3원칙'이 유명하다.

조지 아미티지 밀러

1920~2012

▶ p.138~143

미국의 인지심리학자. 하버드 대학 등에서 교수를 맡았다. 언어 인식 및 커뮤니케이션 이론 등이 전문이다. 사람의 기억량에 대한 매지컬 넘버 7이 유명하다.

아론 벡

1921~

▶ p.134~135

미국의 정신과의사. 우울증 환자의 인지적 왜곡을 수정하는 '인지치료'의 창시자이다. 우울증 증상의 심각도를 진단하는 벡 우울 척도(BDI)의 개발로도 알려져 있다.

어빙 고프만

1922~1982

▶ p.250~253

캐나다 출신의 미국 사회학자로 시카고 대학에서 박사 학위를 받았다. 사회적인 역할 행동을 연극과 비교해서 생각하는 드라마트루기 방법을 지지했다. 미국사회학회 회장을 역임했다.

프레드 E. 피들러

1922~2017

▶ p.198

오스트리아 출신으로 미국에서 활동한 심리학자. 시카고 대학의 대학원에서 심리학을 배운다. 나중에 워싱턴 대학에서 교수로 활동했다. 리더십 상황 대응 이론의 제창자이다.

로버트 B. 자이언스

1923~2008

▶ p.233~235

폴란드 태생으로 미국에서 활동한 사회심리학자. 미국으로 건너가 미시간 대학을 졸업한 후 오랫동안 이 대학의 교수를 지냈다. 호의의 단순 접촉 효과 연구로 유명하다.

데이비드 키프니스

1924~1999

▶ p.199

미국의 사회심리학자. 시러큐스 대학을 졸업한 후 뉴욕 대학에서 박사 학위를 받았다. 그 후 템플 대학의 교수를 지냈다. 권력의 타락 등 사람과 권한에 관한 연구로 유명하다.

아놀드 H. 버스

1924~ ▶ p.186

미국의 사회심리학자. 인디애나 대학에서 박사 학위를 받았다. 아이오와 대학과 피츠버그 대학에서 교수를 맡았고 공격성 연구와 자기의식 연구로 알려져 있다.

세르주 모스코비치

1925~2014 ▶ p.256~257

루마니아 출신으로 프랑스에서 활동한 사회심리학자. 프랑스로 망명해 심리학 학사 학위를 받고 파리의 사회과학고등연구원 교수를 지냈다. 집단에서의 마이너리티 인플루언스 실험으로 유명하다.

앨버트 반두라

1925~ ▶ p.180~P181

캐나다 출신의 심리학자. 아이오와 대학에서 박사 학위를 취득했다. 스탠포드 대학의 심리학 교수를 오랫동안 맡았다. 관찰학습(모델링)의 개념과 자기 효력감에 대한 이론을 제창한 것으로 알려져 있다.

노먼 H. 앤더슨

1925~ ▶ p.240~241

미국의 인지심리학자. 시카고 대학에서 박사 학위를 취득하고 UCLA의 교수를 맡았다. 마지막으로 제시된 정보가 사람에 강하게 영향을 미친다는 최신효과를 발표한 것으로 유명하다.

도널드 브로드벤트
1926~1993

▶ p.144~145

영국의 인지심리학자. 17세에 영국 공군에 입대해서
조종사 훈련을 받은 후 케임브리지 대학에서 심리학을
배운다. 공군에서의 경험을 살린 지각의 선택적주의
연구로 유명하다.

에드워드 E. 존스
1926~1993

▶ p.191

미국의 사회심리학자. 육군에서 배운 일본어를 구사해
서 일본에서 통역을 맡은 후 하버드 대학에서 학위를
받았다. 프린스턴 대학의 교수도 역임했다. 수용 등 타
인에 대한 전략적 자기 제시 연구로 유명하다.

엔델 툴빙
1927~

▶ p.147

에스토니아 태생의 캐나다 심리학자로 토론토 대학 졸
업 후 하버드 대학에서 박사 학위를 받았다. 기억 연구
의 세계적 권위자로, 토론토 학파(기억 연구 집단)를 주
재했다. 일화기억의 제창자이다.

잭 W. 브렘
1928~2009

▶ p.200~201

미국의 사회심리학자. 하버드 대학 졸업 후 미네소타
대학 대학원에서 페스팅거와 함께 배우고 박사 학위를
받았다. 심리적 반발이론 연구로 유명하다.

노암 촘스키

1928~

▶ p.182~183

미국의 언어학자. 펜실베이니아 대학 대학원에서 언어학 박사 학위를 취득했다. MIT의 언어·심리학부 교수를 지냈다. 생성문법이론을 제창한 언어학의 세계적 권위자이다.

하워드 S. 베커

1928~

▶ p.248~249

미국의 사회학자. 낙인 이론으로 유명하다. 마리화나 사용자와 음악가 등의 생태를 조사하고, 그들이 사회에서 '일탈자'라는 낙인이 찍히는 과정을 연구했다.

버나드 I. 머스타인

1929~

▶ p.206

폴란드 태생의 미국 심리학자이자 정신치료의사이다. 텍사스 대학에서 박사 학위를 받았다. 심리치료 클리닉 근무 경험을 거쳐 코네티컷 대학 교수를 맡는다. 연애 단계의 SVRStimulus-Value-Role 이론으로 유명하다.

루이스 R. 골드버그

1932~

▶ p.281

미국의 심리학자로 미시간 대학에서 심리학 박사 학위를 받았다. 오레건 대학의 심리학 명예 교수. 성격 특성론에서 주류가 되고 있는 빅 파이브(5대 요인) 이론의 제창자 중 한 명이다.

스탠리 밀그램

1933~1984

▶ p.264~268

미국의 사회심리학자. 진바루는 고등학교 시절 동급생
이다. 하버드 대학에서 애쉬와 함께 공부하고 올포트
의 지도를 받았다. 권위에 대한 복종 시험(밀그램 실험)
으로 유명하다.

로버트 로젠탈

1933~

▶ p.202~203

미국의 교육심리학자. 노스다코타 대학을 거쳐 하버
드 대학에서 교수를 지냈다. 커뮤니케이션 연구 등으
로 알려져 있다. 초등학교에서 피그말리온 효과 실험
을 했다.

필립 짐바르도

1933~

▶ p.269~271

미국의 사회심리학자. 예일 대학에서 박사 학위를 취
득하고 나중에 스탠포드 대학의 교수가 된다. 미국 심
리학회 회장을 역임했다. 스탠포드 감옥 실험과 샤이
네스(수줍음) 연구로 알려져 있다.

대니얼 카너먼

1934~

▶ p.156~157

이스라엘 태생 미국의 심리학자이자 행동경제학자이
다. 캘리포니아 대학교 버클리 캠퍼스에서 박사 학위
를 받았다. 구매 행동의 결정을 이론화한 프로스펙트
이론으로 유명하며 노벨 경제학상을 수상했다.

빕 라타네

1937~　　　　　　　　　　　　　　▶ p.258~260

미국의 사회심리학자. 미네소타 대학에서 박사 학위를 취득했다. 오하이오 주립 대학, 노스캐롤라이나 대학 등에서 교수를 역임했다. 원조적 행동 실험을 하고 방관자 효과 등의 연구를 했다.

앨버트 메라비언

1939~　　　　　　　　　　　　　　▶ p.207

미국의 심리학자로 아르메니아계 미국인이다. UCLA 심리학 명예 교수. 비언어 커뮤니케이션 연구와 인상 형성의 법칙인 메라비언의 법칙으로 유명하다.

에이브러햄 테서

1941~　　　　　　　　　　　　　　▶ p.196~197

미국의 사회심리학자. 퍼듀 대학에서 사회심리학 박사 학위를 취득했다. 조지아 대학 명예 교수. 자체 평가 유지(SEM) 모델을 제창한 것으로 알려져 있다.

에드워드 L. 데시

1942~　　　　　　　　　　　　　　▶ p.178~179

미국의 심리학자. 카네기 멜론 대학에서 박사 학위를 받고, 로체스터 대학에서 심리학 교수를 지냈다. 보상과 내발적 동기의 관계에 대한 연구로 유명하다.

레노어 E. 워커

1942~　　　　　　　　　　　　　　▶ p.205

미국의 심리학자. 뉴저지 주립 대학 럿거스교에서
박사 학위를 받았다. 노바 사우스이스턴 대학 교수.
DV(남편이나 연인으로부터의 폭력 등) 연구의 선두주자
로 알려져 있다.

미셸 로스

1944~　　　　　　　　　　　　　　▶ p.188

미국에서 활동하는 사회심리학자. 노스캐롤라이나 대
학에서 사회심리학 박사 학위를 취득하고 워털루 대학
교수를 맡았다. 집단에 대한 자신의 기여를 크게 평가
하는 인지와 자기개념 등을 연구하고 있다.

엘리자베스 로프터스

1944~　　　　　　　　　　　　　　▶ p.148~151

미국의 인지심리학자. 캘리포니아 대학에서 수학과 심
리학을 공부하고 스탠포드 대학에서 심리학 박사 학위
를 받았다. 범죄의 목격 증언에서 허위기억 연구로 알
려져 있다.

로버트 B. 치알디니

1945~　　　　　　　　　　　　　　▶ p.208~211

미국의 사회심리학자. 노스캐롤라이나 대학에서 박사
학위를 취득했다. 애리조나 주립 대학 명예 교수. 영
업사원의 설득 기법 등을 참고로 한 대인 영향 과정을
연구한 것으로 유명하다.

아서 아론

1945~ ▶ p.213

미국에서 활동하는 사회심리학자. 뉴욕 주립대학 교수. 대인 매력의 연구와 다른 사람들과의 친밀한 관계에서 자신의 세계가 확산되면 고양감을 기억한다는 '자기 확장 이론'을 제창했다.

마크 스나이더

1947~ ▶ p.190

미국의 사회심리학자. 스탠포드 대학에서 박사 학위를 받았다. 미네소타 대학의 마크나이트(일행) 명예 교수. 셀프 모니터링(자기 감시) 연구 등으로 알려져 있다.

다니엘 L. 쉑터

1952~ ▶ p.152~153

미국의 심리학자. 노스캐롤라이나 대학을 졸업한 후 토론토 대학에서 박사 학위를 받았다. 애리조나 대학 심리학과 교수를 거쳐 하버드 대학의 심리학 교수를 맡고 있다. 기억의 7가지 오류로 알려져 있으며 기억 연구의 일인자이다.

앨런 페닝스타인

1974~ ▶ p.189

미국에서 활동하는 심리학자로 독일에서 태어났다. 텍사스 대학에서 박사 학위를 취득하고 케니언 대학 교수를 맡는다. 사적·공적 자기의식을 측정하기 위한 자기의식 척도를 만든 것으로 알려져 있다.

심리학자 연표

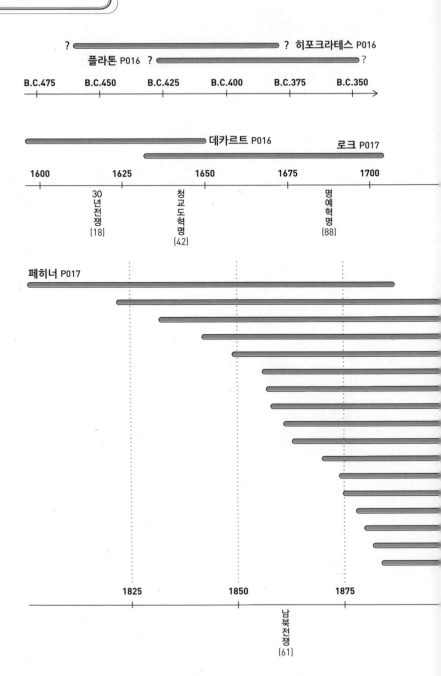

? ━━━━━━━━━━━━━━━ ? 히포크라테스 P016

플라톤 P016 ? ━━━━━━━━━━━ ?

B.C.475   B.C.450   B.C.425   B.C.400   B.C.375   B.C.350

━━━━━━━━ 데카르트 P016   로크 P017

1600   1625   1650   1675   1700

30년전쟁 (18)   청교도혁명 (42)   명예혁명 (88)

페히너 P017

1825   1850   1875

남북전쟁 (61)

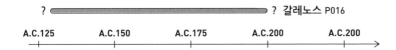

? ⟸⟹ ? 갈레노스 P016

A.C.125　　A.C.150　　A.C.175　　A.C.200　　A.C.200

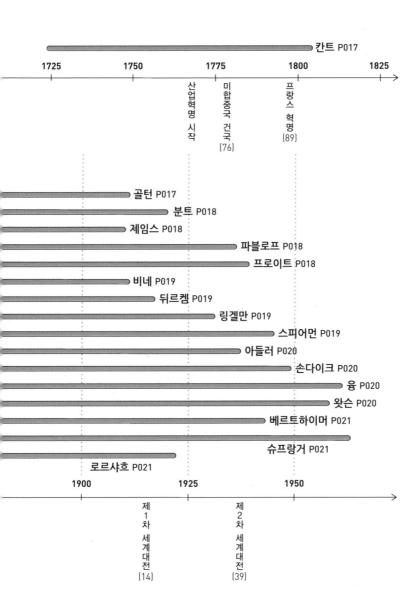

칸트 P017

1725　　1750　　1775　　1800　　1825

산업혁명 시작

미합중국 건국 (76)

프랑스 혁명 (89)

골턴 P017
분트 P018
제임스 P018
파블로프 P018
프로이트 P018
비네 P019
뒤르켐 P019
링겔만 P019
스피어먼 P019
아들러 P020
손다이크 P020
융 P020
왓슨 P020
베르트하이머 P021
슈프랑거 P021
로르샤흐 P021

1900　　1925　　1950

제1차 세계대전 (14)

제2차 세계대전 (39)

041

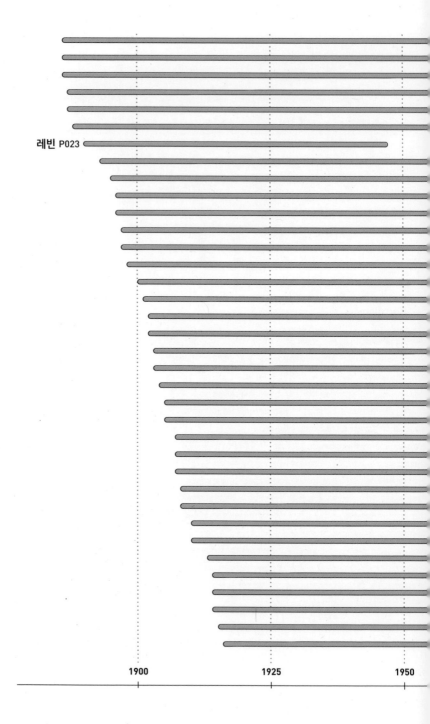

레빈 P023

1900 1925 1950

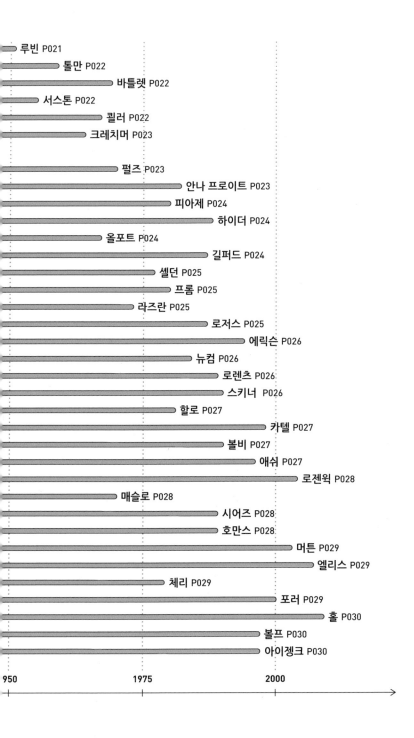

루빈 P021
톨만 P022
바틀렛 P022
서스톤 P022
퀼러 P022
크레치머 P023

펄즈 P023
안나 프로이트 P023
피아제 P024
하이더 P024
올포트 P024
길퍼드 P024
셀던 P025
프롬 P025
라즈란 P025
로저스 P025
에릭슨 P026
뉴컴 P026
로렌츠 P026
스키너 P026
할로 P027
카텔 P027
볼비 P027
애쉬 P027
로젠윅 P028
매슬로 P028
시어즈 P028
호만스 P028
머튼 P029
엘리스 P029
체리 P029
포러 P029
홀 P030
볼프 P030
아이젱크 P030

950   1975   2000

1925   1950   1975

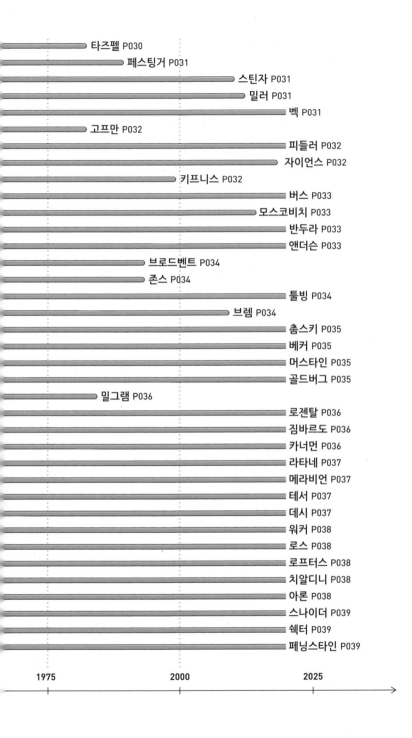

타즈펠 P030
페스팅거 P031
스틴자 P031
밀러 P031
벡 P031
고프만 P032
피들러 P032
자이언스 P032
키프니스 P032
버스 P033
모스코비치 P033
반두라 P033
앤더슨 P033
브로드벤트 P034
존스 P034
툴빙 P034
브렘 P034
촘스키 P035
베커 P035
머스타인 P035
골드버그 P035
밀그램 P036
로젠탈 P036
짐바르도 P036
카너먼 P036
라타네 P037
메라비언 P037
테서 P037
데시 P037
워커 P038
로스 P038
로프터스 P038
치알디니 P038
아론 P038
스나이더 P039
쉑터 P039
페닝스타인 P039

1975   2000   2025

심리학 용어 도감

심리학의 탄생

	영혼
플라톤 P016	문 헌 〈파이돈〉, 〈파이드로스〉(플라톤) 메 모 고대 그리스어 프시케(영혼)와 로고스(논리)를 합한 PSYCHOLOGIA가 심리학 PSYCHOLOGY의 어원

마음의 문제는 오랫동안 **철학**으로 다루어져 왔다. 고대 그리스의 철학자 **소크라테스**와 그의 제자 **플라톤**은 마음을 영혼(프시케)라고 부르며, 물질과는 다른 뭔가 신비하고 특별한 것이라고 생각했다.

인간의 영혼은 타고난 지혜와 도덕을 갖추고 있다

영혼

그래서 우리는 선악이나 미추의 판단이 가능한 거구나

고대 그리스의 철학자
소크라테스
B.C.469경~399

소크라테스의 제자
플라톤
B.C.427경~347경

플라톤에 의하면, 우리의 **영혼**은 우리가 태어나기 전부터 진정한 **선**(善)과 **미**(美)를 알고 있다. 그래서 영혼을 가진 우리는 무엇이 아름답고 무엇이 선한지를 판단할 수 있다고 **플라톤**은 주장했다.

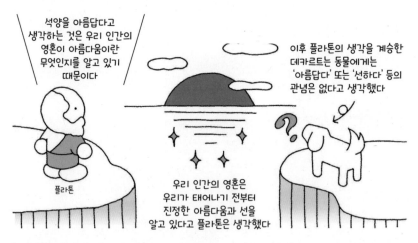

석양을 아름답다고 생각하는 것은 우리 인간의 영혼이 아름다움이란 무엇인지를 알고 있기 때문이다

이후 플라톤의 생각을 계승한 데카르트는 동물에게는 '아름답다' 또는 '선하다' 등의 관념은 없다고 생각했다

플라톤

우리 인간의 영혼은 우리가 태어나기 전부터 진정한 아름다움과 선을 알고 있다고 플라톤은 생각했다

이 생각은 인간이 타고난 **관념**(의식 속에 있는 이미지)를 가지고 있다고 하는 **데카르트**(p.016)의 **생득주의**(p.054)라는 개념으로 이어진다.

영혼삼분설

의 미	인간의 영혼은 이성, 기개, 욕구로 구성되어 있다는 설
문 헌	〈파이드로스〉, 〈국가〉(플라톤)
메 모	지혜, 용기, 절제의 3가지 덕에서 생겨나는 정의의 덕은 플라톤에게 있어 사회의 도움이 되는 것을 가리킨다.

플라톤
P016

플라톤은 인간의 **영혼(마음**, p.050)은 **이성, 기개, 욕구**의 3가지로 구성된다고 생각했다(영혼 삼분설). 이성이 마부가 되어 **기개**의 백마를 격려하고 **욕구**의 검은 말을 억제해서 앞으로 나아가야 한다고 말한다.

영혼의 삼분설

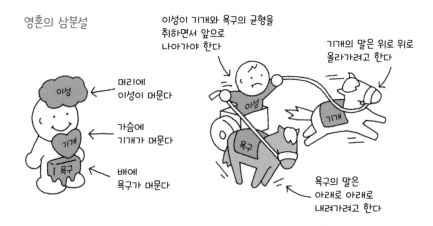

플라톤에 따르면 **이성, 기개, 욕구**가 제대로 작동하면 각각 지혜, 용기, 절제의 덕이 된다. 그리고 이 3가지가 조화를 이루면 정의의 덕이 생긴다. **지혜, 용기, 절제**에 **정의**를 더한 **4가지 덕**을 플라톤은 사원덕이라고 했다.

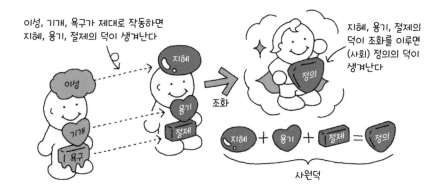

4기질설

의 미	4가지 체액의 균형에 의해 성격이 결정된다는 이론	
문 헌	〈기질에 대해〉(갈레노스)	
메 모	인체를 물질로 파악하여 의학을 종교로부터 떼어낸 히포크라테스(p.016)의 4체 액설이 갈레노스의 4기질설의 토대가 되고 있다.	

갈레노스
P016

체내에 흐르는 체액에는 **혈액**, **점액**, **황담즙**, **흑담즙**의 4종류가 있고, 이들의 균형에 의해 개인의 **기질(성격)**이 정해진다고 **갈레노스**는 주장했다. 이것을 4기질설이라고 한다.

체내에 혈액이 많다
다혈질
사교적이고 밝다. 낙천가. 자신가

혈액

자신감이 넘치는 성격은 혈액을 뽑으면 치료된다고 갈레노스는 생각했다

몸에 점액이 많다
점액질
이성적이고 냉정. 내성적이고 온화하다

점액

혈액
점액
황담즙
흑담즙

체액에는 혈액, 점액, 황담즙, 흑담즙의 4종류가 있다

체내에 황담즙이 많다
담즙질
적극적이고 성급하다. 열정적이고 정력적이다

황담즙

체내에 흑담즙이 많다
우울질
우울하고 신경질적. 예술적

흑담즙

4기질설 자체는 착상의 범위를 벗어나지 못했다. 그러나 이 설은 인간의 성격을 조울 기질, 분열 기질, 점착 기질 등 몇 가지 유형으로 나누어 생각하는 20세기 이후의 **성격 유형론**(p.275)으로 이어지는 요소를 갖고 있다.

심신이원론

의 미	심신은 별개의 것이라고 하는 생각
문 헌	〈정념론〉(데카르트)
메 모	데카르트는 '나는 생각한다, 고로 존재한다'라는 말대로 나라는 것은 내 마음(의식)의 것이라고 생각했다

데카르트
P016

17세기 프랑스의 철학자 **데카르트**는 고대 그리스의 철학자 **플라톤**(p.016)과 마찬가지로 **마음(의식)**은 영적인 것이며, 물건이나 신체와 같은 물질이 아니라고 주장했다. 그리고 그 정신적 **마음**이 물질인 몸을 움직이고 있다고 생각했다.

몸과 마음은 전혀 다른 것이라고 하는 **데카르트**의 생각을 심신이원론(실체이원론)이라고 한다. 현재는 마음은 신체(뇌)를 떠나서는 존재할 수 없다고 여기고 있지만, **데카르트**는 마음은 몸을 떠나도 존재할 수 있다고 생각했다.

생득주의

의　미	인간은 이성과 관념을 선천적으로 갖고 있다는 생각
문　헌	〈방법서설〉, 〈성찰〉(데카르트)
메　모	생득주의는 지식과 관념은 경험으로 익히는 거라는 경험주의(p.055)와 대립한다

데카르트
P016

인간은 **이성**과 기본적인 **관념**(의식 속에 있는 모든 이미지)을 선천적으로 갖고 있다고 **데카르트**는 생각했다. 예를 들면 **선악**의 구별, **완전**의 개념 등은 경험을 통해 배운 것이 아니라고 **데카르트**는 주장한다. 이러한 인간 특유의 선천적인 이성과 관념을 생득주의라고 한다.

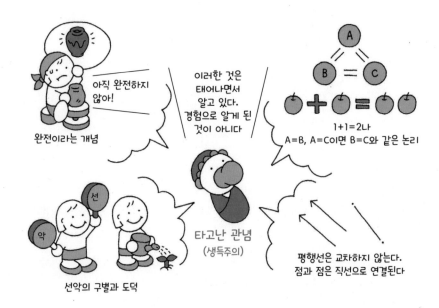

아직 완전하지 않아!

완전이라는 개념

이러한 것은 태어나면서 알고 있다. 경험으로 알게 된 것이 아니다

1+1=2나
A=B, A=C이면 B=C와 같은 논리

선
악

선악의 구별과 도덕

타고난 관념
(생득주의)

평행선은 교차하지 않는다.
점과 점은 직선으로 연결된다

인간은 타고난 관념을 가지고 있다고 생각하는 것을 생득주의(또는 이성주의, 합리주의)라고 한다. **생득주의**는 지식과 관념은 모두 **경험**에 의한 것이라는 **경험주의**(p.055)와 대립한다.

타고난 관념이다!

타고난 관념은 없다!

VS

데카르트의 생득주의　　　　로크의 경험주의
p.055

경험주의

의　미	타고난 관념(p.054)은 존재하지 않고, 지식과 관념은 경험과 환경에 의해서 익힌 다는 생각
문　헌	〈인간지성론〉(로크)

로크
P017

로크는 인간은 **선천적**으로 **관념**(생득주의, p.054)을 갖고 있다고는 생각하지 않았다.

나는 기본적인 지식을 가지고 있지

그런 건 없어.
사람의 마음은 태어났을 때는
백지다

인간의 **마음**은 원래 **백지**(타블라 라사)이며, 지식과 관념은 모두 오감에서 얻은 경험에 의 한 것이라고 **로크**는 주장한다. 그리고 경험에서 얻은 지식과 관념의 **연합(결합)**이 **마음**이 라고 했다.

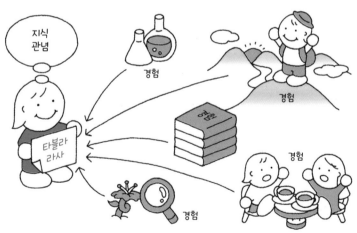

경험이 타블라 라사인 마음에
기록된 지식과 관념이 된다고 로크는 생각했다

타고난 관념은 존재하지 않고, 지식과 관념은 모두 경험에 의한 것이라는 **로크**의 입장을 경험주의라고 한다. **경험주의**는 사람은 타고난 관념을 갖고 있다고 하는 **생득주의**(p.054) 와 대립했다.

유전 | 환경

문 헌 〈유전적 천재〉(골턴)
메 모 골턴은 사촌인 찰스 다윈의 〈종의 기원〉(진화론)에 영향을 받았다. 인간의 능력은
유전에 의한 것이 크다고 하는 유전자설을 제창했다

골턴
P017

사람의 능력이나 성격은 태어났을 때는 백지이고 이후의 환경에 영향을 받는가?(경험주의, p.055) 아니면 태어날 때부터 유전적으로 정해져 있는가? **골턴**은 유전인가 환경인가 하는 문제를 해결하기 위해 다른 가정에서 성장한 쌍둥이 형제의 유사성을 조사했다(쌍둥이 연구법).

다른 가정에   쌍둥이   다른 가정에
동생   형

골턴은 다른 환경에서 자란
쌍둥이의 성격이나 사회적 지위가
비슷하다는 사실을 밝혀냈다.
그 결과, 사람의 능력이나 성격은
유전으로 결정된다고 생각했다

두 사람의 편지에
따르면 두 사람 모두
의사가 됐다

의사가   의사가
됐습니다   됐습니다
동생   형
골턴

사람의 능력은 유전에 의해 결정된다는 골턴의 생각은
우수한 사람끼리 결혼을 장려하여 우수한 사람들의 세계를 만들고자 하는
나치 우생학 이론으로 이어졌다

그 결과, **골턴**은 유전이 환경보다 영향력이 크다고 결론내렸다. 그러나 **유전·환경설**은 지금도 논쟁의 대상이 되고 있다.

정신물리학

의 미 주관적인 감각(심리)과 객관적인 자극(물리적 사상, 실제 사건)의 대응관계를 과학
적(물리학적)으로 연구하는 학문
문 헌 〈정신물리학 요강〉(페히너)
메 모 실험심리학(p.058)의 성립에 큰 영향을 미쳤다

손에 벽돌을 하나 올려놓은 뒤 또 하나를 올리면 무겁게 느껴진다. 그런데 손에 벽돌을 3
개 얹은 후 또 하나를 얹었다고 해도 마찬가지로 벽돌 하나만큼의 무게가 더해졌음에도
불구하고 무게의 변화는 크게 느끼지 않는다. 즉 우리의 **감각(심리)**은 물리적 사실과는 다
르다.

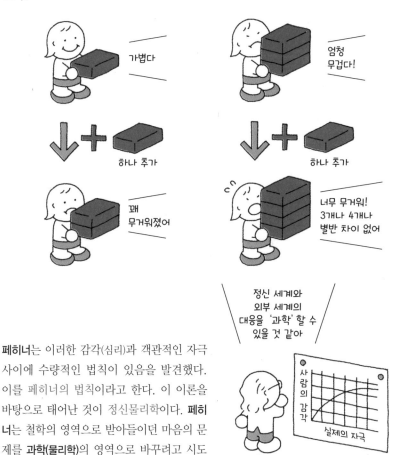

페히너는 이러한 감각(심리)과 객관적인 자극
사이에 수량적인 법칙이 있음을 발견했다.
이를 페히너의 법칙이라고 한다. 이 이론을
바탕으로 태어난 것이 정신물리학이다. **페히
너**는 철학의 영역으로 받아들이던 마음의 문
제를 **과학(물리학)**의 영역으로 바꾸려고 시도
했다.

실험심리학

문　헌　〈생리학적 심리학 강요〉(분트)
메　모　실험을 연구의 수단으로 하는 실험심리학의 등장으로 심리학이 학문으로 확립됐
다. 분트의 실험 방법은 피험자에게 자극을 주고 그 순간에 어떤 것을 의식했는지 자기보고
하도록 하는 내관법

분트
P018

분트는 인간 심리 연구에 자연 과학의 방법인 **실험**을 도입했다. 이에 의해 인간의 심리를 **객관적인 자연 과학**으로 인식하려는 실험심리학이라는 큰 흐름이 태어났다.

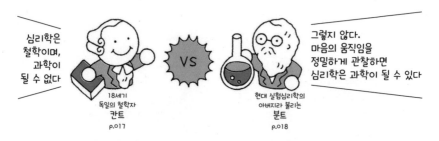

심리학은
철학이며,
과학이
될 수 없다

18세기
독일의 철학자
칸트
p.017

VS

그렇지 않다.
마음의 움직임을
정밀하게 관찰하면
심리학은 과학이 될 수 있다

현대 실험심리학의
아버지라 불리는
분트
p.018

분트가 실시한 **실험**은 피험자에게 다양한 체험을 시키고 그 순간에 무엇을 의식했는지를 보고하도록 하는 내관법이라는 방법이었다.

심리학 실험실

피험자가 사과를 본 순간
무엇을 의식했는지를 보고하는 실험

빨갛다, 딱딱하다,
맛없을 것 같다

빨갛다, 둥글다,
맛있을 것 같다

실험 결과, 같은 것을
보고도 사람에 따라
사고방식이 다르다는
것을 알았지

피험자 A

피험자 B

분트

다른 사람이 이해할 수 없는 주관적, 철학적 보고를 회피하기 위해 **분트**는 피험자에게 일정한 훈련을 요구했다. 하지만 **내관법**은 의식을 실제로 관찰하는 것은 아니다. '객관적으로 관찰할 수 없으면, 과학 실험이 아니다'는 것이 훗날 **행동주의**(p.072)의 주장이었다.

구성주의

의　미	물질이 원자와 분자의 결합체인 것처럼, 의식(마음)도 심적 요소(하나하나의 감정 과 감각 등)의 결합체라고 하는 주의
문　헌	〈생리학적 심리학 강요〉(분트)
메　모	구성주의, 요소주의는 분트가 만들어낸 용어는 아니다

분트
P018

의식(마음)은 표상(이미지), 의지, 감정 등으로 분류할 수 있으며, 더 세분화된 요소로 분해 가능하다고 **분트**는 주장한다. **물질**이 원자와 분자의 결합체인 것처럼, **의식**(마음)도 하나 하나의 심적 요소의 결합체라고 생각했기 때문이다. 이러한 입장은 구성주의, 요소주의 등으로 불린다.

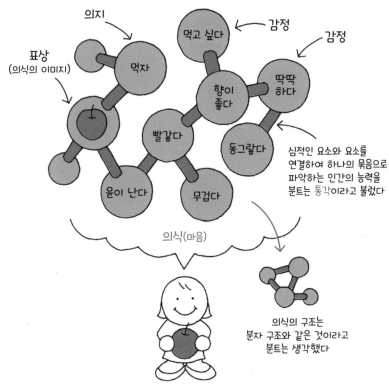

의지

감정

감정

표상
(의식의 이미지)

먹자

먹고 싶다

향이 좋다

딱딱 하다

빨갛다

동그랗다

윤이 난다

무겁다

심적인 요소와 요소를 연결하여 하나의 묶음으로 파악하는 인간의 능력을 분트는 통각이라고 불렀다

의식(마음)

의식의 구조는 분자 구조와 같은 것이라고 분트는 생각했다

의식은 세세한 요소로 분해 가능하다고 분트는 생각했다.
그것을 하나하나 분석하여 의식(마음)의 성립 과정을 밝혀내려고 했다

분자 구조를 분석하면 그 물질이 무엇인지 알 수 있다. 이처럼 심적 요소를 하나하나 분 석하면 의식(마음)의 정체를 규명할 수 있다고 분트는 생각했다.

기능주의

의 미	의식(심적 현상)은 사람이 환경에 적응하기 위해, 즉 사람이 생존하기 위한 기능이라고 생각하는 입장
메 모	제임스의 연구는 인간에게 유용한 것이 대상이었기 때문에 **실용주의(프래그머티즘)**라고도 한다

제임스
P018

독일의 심리학자 **분트**(p.018)의 흐름을 이어받은 **구성주의**(p.059)의 연구 주제는 **의식의 내용** 분석이다. 한편, 미국의 심리학자 **제임스**는 의식이 사람의 생활에서 어떤 역할을 하는지, 즉 **의식의 기능**(역할)에 관심을 가졌다.

구성주의
(p.059)
의식을 구성하는 요소를
분석하는 것이 구성주의

흠흠

기능주의
사람이 살기 위해서 의식이 어떤 기능(역할)을
하는지를 탐구하는 것이 기능주의

아하! 차는 이렇게
움직이는구나.
사람에 대한 자동차의
역할은 무엇일까?

의식을 자동차에 비유하면, 자동차(의식)의 부품을 하나하나 분석하려는 입장이 **구성주의**이다. 이에 대해 자동차(의식)가 움직이는 방법이나 자동차의 기능(역할)을 탐구하는 것이 **제임스**의 기능주의이다.

의식은 흐른다

의 미	의식은 고정적인 것이 아니라 표상(이미지), 감정, 기억, 감각 등이 끊임없이 옮아가는 것이라는 생각
문 헌	〈심리학의 원리〉(제임스)
메 모	이 개념은 프루스트 등 20세기 문학에 큰 영향을 미쳤다

제임스
P018

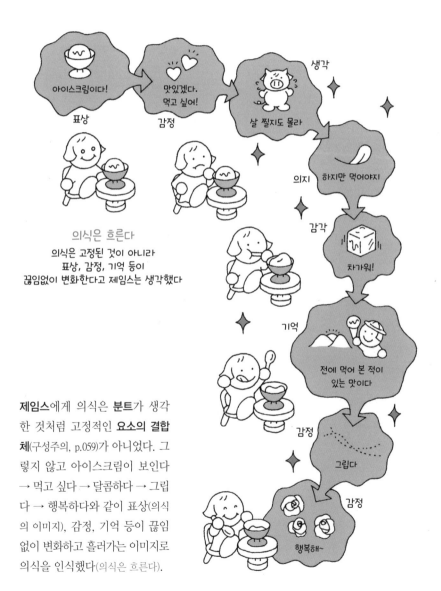

의식은 흐른다
의식은 고정된 것이 아니라
표상, 감정, 기억 등이
끊임없이 변화한다고 제임스는 생각했다

제임스에게 의식은 **분트**가 생각한 것처럼 고정적인 **요소의 결합체**(구성주의, p.059)가 아니었다. 그렇지 않고 아이스크림이 보인다 → 먹고 싶다 → 달콤하다 → 그립다 → 행복하다와 같이 표상(의식의 이미지), 감정, 기억 등이 끊임없이 변화하고 흘러가는 이미지로 의식을 인식했다(의식은 흐른다).

제임스 랑게설

의 미	정서에 따라서 신체 반응(행동)이 있는 게 아니라 신체 반응에 따라 정서가 변화한다고 하는 설
메 모	제임스는 이 이론을 '슬프기 때문에 우는 것이 아니라 울기 때문에 슬픈 것이다'라는 말로 표현했다

제임스
P018

기분을 나타내는 단어에는 정서, 감정, 느낌 등이 있다. 이 중 **정서**는 급격하게 일어났다가 단시간에 끝나는 강력한 마음의 움직임을 말한다. 심리학에서는 주로 이 **정서**를 다룬다. **제임스**도 **정서**와 **행동**의 관계를 조사했다.

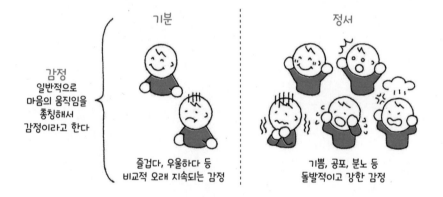

만약 길에서 곰을 만난다면 겁이 나서 떨리거나 심장이 크게 뛴다. **의식**이 공포를 느끼는 것이 원인이 되어 떨리는 **신체 반응**(행동)을 일으키기 때문이다.

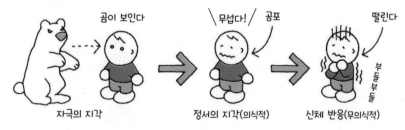

그러나 실제로는 **무의식적**으로 떨기 시작하고, 그 후에 의식이 공포를 느끼는 게 아닐까. **제임스**는 떨리거나 심장이 요동치는 신체 반응(행동)이 공포라는 정서로 번역되는 거라고 주장했다(제임스 랑게설 ※ 같은 시기에 C. 랑게가 같은 주장을 했다).

제임스 랑게설에 대해 **W. B. 캐논**(1871~1945)과 **P. 버드**(1898~1977)는 하나의 신체 반응이 항상 같은 정서를 일으키는 것은 아니라는 점을 지적한다. 공포로도 떨며 추위로도 떨린다는 것이다. 그들은 곰을 보면 뇌를 통해 공포라는 정서 경험과 떨리는 신체 반응이 동시에 일어난다고 주장했다(캐논 버드설).

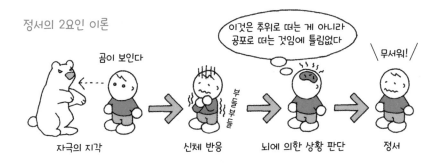

훗날 **스탠리 삭터**(1922~1997)는 떨림이 있고 난 후 뇌가 '곰이 있다'는 상황과 대조하여 공포라는 감정을 체감한다는 정서의 2요인 이론을 전개했다.

사회적 자기

의 미	자신이 타인에게 어떻게 보이고 있는지를 상상해서 품는 관념	
문 헌	〈심리학의 원리〉(제임스)	
메 모	자기(나)는 보고 있는 자신인 '주아'(주체로서의 자기)와 보여지는 자신인 '객아'(객체로서의 자기)로 분류된다	

제임스
P018

제임스는 **자기(자신)**라는 개념을 **자신을 보고 있는 자신인 주아**(I)와 **주아에게 보여지는 자신인 객아**(me)로 나누었다. 또한 **객아**를 물질적 자기, 정신적 자기, 사회적 자기의 3가지로 분류했다. **물질적 자기**는 자신의 몸이나 옷 등, **정신적 자기**는 자신의 성격 등, **사회적 자기**는 주위 사람들이 자신에 대해 갖는 인식과 이미지를 가리킨다.

자신을 인식하는 사람의 수만큼 자기가 별개로 존재한다는 **사회적 자기**의 개념은 훗날 **사회심리학**(p.218)에 큰 영향을 끼쳤다.

지능지수

의 미	비네는 당초 지능검사에서 측정되는 수치(정신 연령)와 실제 연령의 비율로 IQ를 산출했다(현재는 또래 집단 내의 편찻값으로 산출)
메 모	비네의 IQ 계산식은(정신 연령÷실제 연령)×100=IQ. IQ140 이상의 천재는 0.25%라고 한다

비네
P019

비네는 특별한 도움이 필요한 어린이를 객관적으로 구분하는 테스트를 작성해 줄 것을 프랑스 정부로부터 의뢰받았다. 이 테스트를 보완한 것이 현재의 지능검사이다. **지능검사**에서 측정하는 지능지수(IQ)는 **지능**의 정도를 수치화한 것으로, 현재는 나이별 평균으로 계산한다.

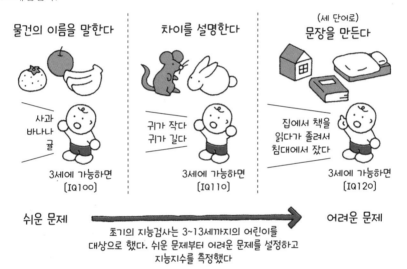

물건의 이름을 말한다

사과
바나나
귤

3세에 가능하면
[IQ100]

차이를 설명한다

귀가 작다
귀가 길다

3세에 가능하면
[IQ110]

(세 단어로)
문장을 만든다

집에서 책을
읽다가 졸려서
침대에서 잤다

3세에 가능하면
[IQ120]

쉬운 문제 → 어려운 문제

초기의 지능검사는 3~13세까지의 어린이를 대상으로 했다. 쉬운 문제부터 어려운 문제를 설정하고 지능지수를 측정했다

지능에는 나이가 들수록 감소하는 추리 능력 등의 **유동성 지능**(p.167)과 나이가 들어도 저하하지 않는 이해력 등의 **결정성 지능**(p.167)이 있다고 한다.

유동성 지능

집중력, 계산력, 기억력, 암기력 등은
나이가 들면서 저하한다

결정성 지능

이해력, 자제력, 언어 능력, 지식 능력 등은
나이가 들면서 상승할 수 있다

행동주의

고전적 조건형성

의 미	식욕 등의 자율 신경 반사나 반응(무조건반사)과 다른 자극(벨 소리 등)을 의도적으로 결합하는 것
문 헌	〈조건반사학〉(파블로프)
메 모	조건형성의 개념은 파블로프의 실험에서 처음 제시됐다

파블로프
P018

우리는 자신의 신체의 움직임을 모두 자신의 의사로 결정하는 것은 아니다. 사람이나 동물의 신체는 선행하는 자극에 대한 **반응**(반사)으로 **무의식적**으로 움직이는 경우가 많다(생리적 반응).

자연계는
인과관계로
이루어져 있다

화들짝!

자극(원인)　　반응(결과)
우리의 행동도 자극에 대한
반응이라는 인과관계로
이루어져 있다

음식물을 입에 넣으면 자연스럽게 침이 나온다. 이와 같이 외부 자극에 의해 **무조건** 생기는 **자연적인 생리적 반응**(반사)을 무조건반사라고 한다. 그리고 음식을 보기만 해도 침이 나오는 것처럼 경험에 의해 후천적으로 획득하는 **반응**(반사)을 조건반사라고 한다.

무조건반사
개는 먹이를 입에 넣으면
침이 나온다. 이러한 선천적인
반사를 무조건반사라고 한다

조건반사
이윽고 개는 먹이를 보기만 해도
침을 흘린다. 경험에서 획득하는
이러한 반사를 조건반사라고 한다

자극과 반응(반사)의 관계를 이용하면 의도적으로 어떤 행동을 일으킬 수 있다. 이 발상의 바탕이 된 것이 생리학자 **파블로프**가 실시한 '파블로프의 개'라는 실험이다.

'**파블로프의 개**'의 벨과 침처럼 원래 무관한 자극과 반응 사이에 의도적으로 관계를 만드는 것을 조건형성이라고 한다. 그리고 이 실험과 같은 **무조건반사**(타액 분비 등)에 의존하는 조건형성을 뒤에 나오는 **조작적 조건형성**(p.074)에 대해 고전적 조건형성이라고 한다.

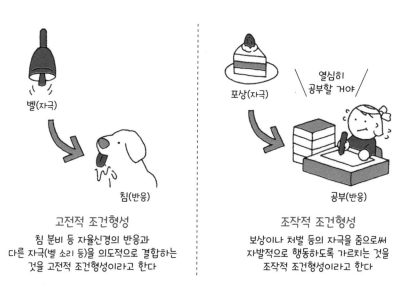

파블로프의 연구는 사람이나 동물의 모든 행동은 자극에 대한 **생리적 반응**에 지나지 않는다고 하는 **행동주의**(p.072)의 주장의 토대를 마련했다.

시행착오 학습

의 미	문제에 대한 시도와 실패를 반복하면서 적절한 해결책을 찾아 나가는 것
문 헌	〈교육심리학〉(손다이크)
메 모	어쨌든 시행착오를 반복하며 문제 해결에 접근한다

손다이크
P020

사람이 어떤 문제에 직면했을 때, 그 해결 방법을 어떻게 배울 것인가에 대해 **손다이크**는 고양이를 사용한 실험을 통해 확인했다.

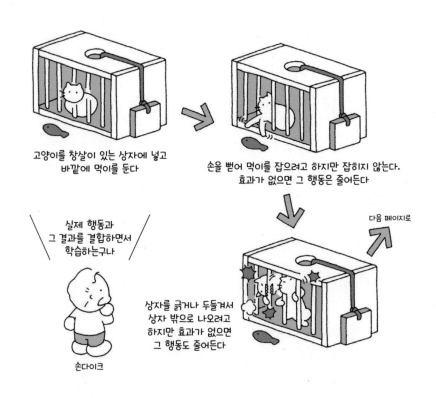

고양이를 창살이 있는 상자에 넣고
바깥에 먹이를 둔다

손을 뻗어 먹이를 잡으려고 하지만 잡히지 않는다.
효과가 없으면 그 행동은 줄어든다

실제 행동과
그 결과를 결합하면서
학습하는구나

상자를 긁거나 두들겨서
상자 밖으로 나오려고
하지만 효과가 없으면
그 행동도 줄어든다

다음 페이지로

손다이크

손다이크는 배고픈 고양이를 창살이 있는 상자에 넣고 상자 밖에 먹이를 뒀다. 상자 안에는 끈을 매달아 놓아 당기면 문이 열리도록 했다. 고양이는 끈을 만지거나 끈 끝에 부착된 발판에 올라서기도 하면서 우연히 문을 여는 데 성공한다. 그리고 고양이가 상자 밖으로 나오면 바로 다시 상자에 넣는다. 이것을 반복하면 고양이는 불필요한 행동은 하지 않고, 즉시 끈을 당길 수 있다.

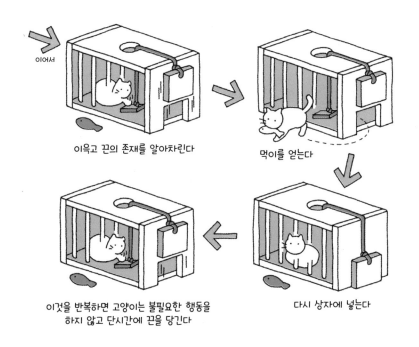

이어서

이윽고 끈의 존재를 알아차린다

먹이를 얻는다

다시 상자에 넣는다

이것을 반복하면 고양이는 불필요한 행동을
하지 않고 단시간에 끈을 당긴다

사람도 고양이처럼 실제 행동과 그 결과를 결합하면서 학습한다고 **손다이크**는 생각했다. 문제에 대해 **시도**(행동)와 **실패**(결과)를 반복하면서(시행착오) 적절한 해결책을 **학습**하는 것을 시행착오 학습이라고 한다.

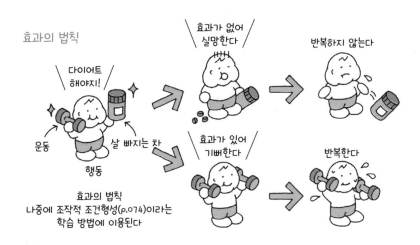

효과의 법칙

다이어트
해야지!

운동

살 빠지는 차

행동

효과가 없어
실망한다

반복하지 않는다

효과가 있어
기뻐한다

반복한다

효과의 법칙
나중에 조작적 조건형성(p.074)이라는
학습 방법에 이용된다

또한 **손다이크**는 이 실험에서 만족을 얻을 수 있는 행동은 반복하고 만족을 얻지 못하는 행동은 반복하지 않는다는 효과의 법칙을 이끌어냈다.

행동주의

의 미	심리학은 관찰할 수 없는 주관적인 의식을 취급하는 것이 아니라 객관적으로 관찰할 수 있는 행동을 취급한다는 입장
문 헌	〈행동주의자의 관점에서 본 심리학〉(왓슨)
메 모	파블로프와 손다이크의 연구도 넓은 의미에서 행동주의라고 할 수 있다

왓슨
P020

분트의 연구(내관법, p.058) 이후 심리학은 의식을 연구하는 학문으로 간주되어 왔다. 이에 대해 **왓슨**은 **의식**은 객관적으로 관찰할 수 없기 때문에 과학의 연구 주제가 될 수 없다고 주장한다. 대신 외부 자극에 대한 반응, 즉 **행동**을 관찰함으로써 심리학은 과학이 될 수 있다고 생각했다.

주관적인 의식이 아니라 객관적인 행동을 연구 대상으로 함으로써 심리학은 과학이 될 수 있다고 하는 입장을 행동주의라고 한다. 그리고 행동을 관찰함으로써 행동을 예측하고 행동을 제어하는 방법을 아는 것이 심리학의 사명이라고 **왓슨**은 생각했다.

왓슨은 관찰할 수 없는 의식이 아니라,
관찰할 수 있는 행동을 연구해야 한다고 생각했다

S-R 이론

의 미	자극(S)과 반응(R)의 연관성을 연구하면 인간의 행동을 이해할 수 있다는 생각
메 모	S-R 이론에 따르면 인간의 발달은 모두 환경에 의존하고 유전은 관계하지 않는다

왓슨
P020

사람의 행동은 아무리 복잡하게 보여도 외부 **자극**(Stimulus)에 대한 **반응**(Response)의 **연합** (결합)에 지나지 않는다고 하는 이론을 S-R 이론이라고 한다(SR 연합, SR 결합이라고도 한다). **S-R 이론**은 **왓슨**의 **행동주의**(p.072)의 핵심 이론이다. 행동은 모든 생리적 **조건반사** (p.068)이며, 자신의 의사에 의한 것이 아니라고 **왓슨**은 생각했다.

S-R 이론을 응용하여 교육 훈련을 실시하면, 인간은 유전과 관계없이 어떤 능력도 익힐 수 있다고 **왓슨**은 주장했다.

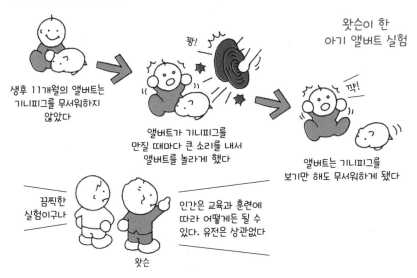

조작적 조건형성

의　미　보상과 징벌에 대해 자발적으로 행동하도록 학습하는 것
문　헌　〈유기체의 행동〉(스키너)
메　모　스키너의 조작적 조건형성 실험은 왓슨과 손다이크의 실험(p.073, p.070)을 발
전시킨 것이라고 할 수 있다

스키너
P026

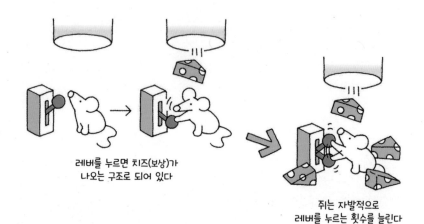

레버를 누르면 치즈(보상)가
나오는 구조로 되어 있다

쥐는 자발적으로
레버를 누르는 횟수를 늘린다

조작적 조건형성 --

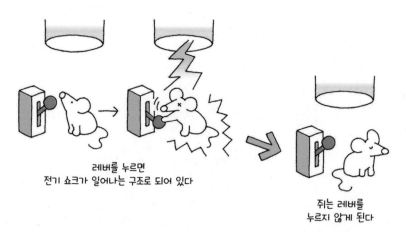

레버를 누르면
전기 쇼크가 일어나는 구조로 되어 있다

쥐는 레버를
누르지 않게 된다

행동주의(p.072) 심리학자인 **스키너** 또한 의식이 아니라 객관적으로 관찰할 수 있는 **행동**만을 연구 대상으로 했다. 그는 쥐를 사용한 실험에서 동물에게 **보상**이나 **징벌**을 주면 동물의 행동이 자발적으로 변화한다는 것을 밝혀냈다. 이 **보상과 징벌에 의한 자발적인 행동변화**를 조작적 조건형성이라고 한다.　　※조작적의 원어 오페란트(operant)는 오퍼레이트(조작)의 파생어

고전적 조건형성(p.069)은 선행하는 자극에 행동이 좌우되지만, **조작적 조건형성**은 보상이나 처벌 같은 행동의 결과로 얻는 자극에 좌우된다. **보상으로 행동을 늘리는 것을** 강화, **보상과 징벌로 행동을 줄이는 약화시키는 것을** 약화라고 합니다.

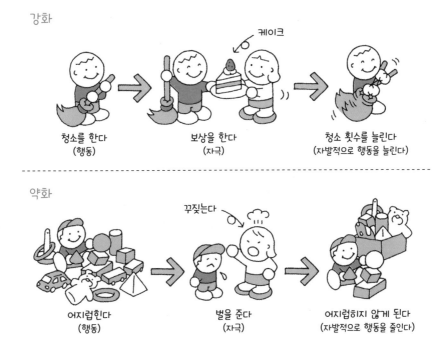

강화

케이크

청소를 한다
(행동)

보상을 한다
(자극)

청소 횟수를 늘린다
(자발적으로 행동을 늘린다)

약화

꾸짖는다

어지럽힌다
(행동)

벌을 준다
(자극)

어지럽히지 않게 된다
(자발적으로 행동을 줄인다)

조건반사(p.068)와 같은 생리적 반응은 성격 등의 내적 요인이 아니라 벨 소리 등의 외부 요인에 의해 일어난다. 사람의 **자발적인 행동** 또한 성격 등의 내적 요인보다는 보상이나 처벌 등 **외적 요인**에 의한 것이라고 **스키너**는 결론지었다.

고전적 조건형성
(p.069)

생리적 반응도
자발적 행동도
내적 요인이 아니라
외적 요인에 의해
일어난다

조작적 조건형성

벨(자극)

보상(자극)

생리적 반응
(반사)

스키너

자발적 행동

인지지도(認知地圖)

의　미	생활환경을 떠올렸을 때 지도와 같은 이미지를 말한다
문　헌	〈인간과 동물의 목적적 행동〉(톨만)
메　모	미로 속을 돌아다니는 동안 쥐의 뇌에서 인지지도가 형성된다는 톨만의 연구 성과는 인지심리학(p.139)을 탄생시켰다

톨만
P022

톨만은 미로에 쥐를 넣어 두는 실험에서 먹이(보상)를 주지 않아도 쥐는 미로의 길을 기억한다는 것을 발견했다. 미로 안의 쥐는 뛰어다니는 동안 미로의 공간적인 구조를 서서히 파악하고, 어느새 뇌에서 인지지도를 형성한다고 생각했다. 이를 잠재적 학습이라고 한다(인지; 주위 환경을 판단하고 해석하는 것).

보상 없이
쥐가 미로의 길을 기억했다

쥐는 먹이를 찾는 등의 **목적**을 위해 이 **인지지도**를 이용한다고 **톨만**은 주장한다.

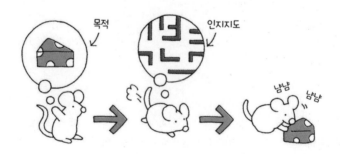

목적　　인지지도
냠냠　냠냠

사람도 동물도 일상생활에서 주위 환경에 대한 다양한 **인지지도**를 무의식적으로 형성하고 있다고 **톨만**은 생각한다. 그리고 필요할 때 적절한 **인지지도**를 사용하여 자신의 행동을 결정한다는 것이다.

모든 행동은 **자극(S)**에 대한 **반응(R)**에 지나지 않는다고 하는 것이 **행동주의**(p.072)의 입장이다(S-R 이론, p.073). 그러나 **톨만**은 이러한 **반사적 행동**과, 목적지를 향해 걷는다거나 허기를 채우기 위해 식사를 하는 등의 목적적 행동은 구분해서 생각해야 한다고 주장한다. **목적적 행동**은 **자극(S)**에 대한 **반응(R)** 사이에 **인지 등(O)**이 매개되어 있다고 생각했기 때문이다(S-O-R 이론).

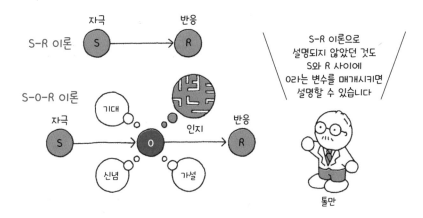

S와 R 사이에 그 사람, 그 동물 특유의 **무언가**(인식 외에 신념, 기대 등)가 매개한다고 생각하고 **행동주의**의 **S-R 이론**을 **S-O-R 이론**으로 수정하는 입장을 신행동주의라고 한다(O=유기체, Organism).

볼프 P030	# 상호억제 의 미 불안을 일으키는 자극에 대해 안심할 수 있도록 훈련을 해서 불안을 제거하는 심리치료(p.114) 문 헌 〈상호억제에 의한 심리치료〉(울페) 메 모 S-R 이론(p.073)을 역이용한 치료

나는 개가 무서워.
그래서 3번
심호흡하고 나면 진정돼

S-R 이론을 이용하면
개에 대한 공포를
극복할 수 있다.
정신분석(p.104)으로
개를 싫어하는 이유를
확인할 필요는 없다

볼프

정신과 의사 **볼프**는 PTSD(외상 후 스트레스 장애)를 앓고 있는 병사들을 치료했다. 그리고 공포와 불안을 일으키는 원인에 대해 역으로 편안한 상태에 놓일 수 있도록 훈련하는 상호억제라는 **행동치료**(p.114)를 고안했다.

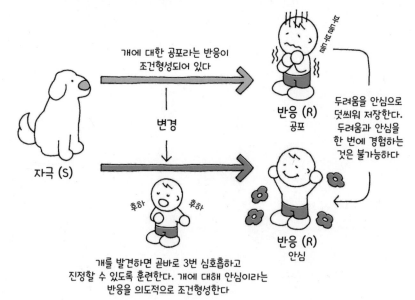

개에 대한 공포라는 반응이
조건형성되어 있다

변경

자극 (S)

반응 (R)
공포

두려움을 안심으로
덧씌워 저장한다.
두려움과 안심을
한 번에 경험하는
것은 불가능하다

후하   후하

반응 (R)
안심

개를 발견하면 곧바로 3번 심호흡하고
진정할 수 있도록 훈련한다. 개에 대해 안심이라는
반응을 의도적으로 조건형성한다

개를 무서워하는 이유는 개에 대한 공포라는 감정이 **고전적 조건형성**(p.069)되어 있기 때문이다. 그렇다면 공포가 아니라 안심이라는 반응이 나오도록 다시 **조건형성**을 하면 된다. 이 방법은 다른 감정을 동시에 경험할 수 없다는 원리도 이용하고 있다.

상호억제는 공포나 불안이 작은 것부터 제거해가고 마지막으로 큰 두려움과 불안을 제거하는 것을 목표로 한다. 이처럼 두려움과 불안을 단계적(계통적)으로 제거해가는 치료법을 체계적 탈감작(법)이라고 한다.

체계적 탈감작 공포가 작은 것부터 단계적으로 공포를 제거해가는 방법

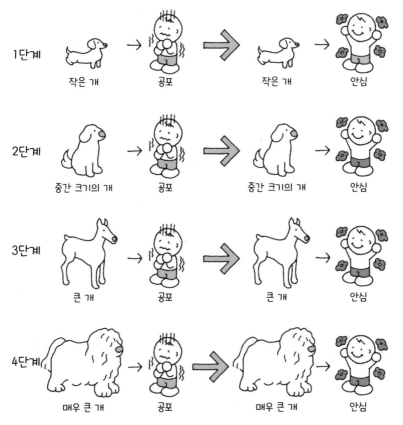

반대로 **상호억제**와 그에 따른 **체계적 탈감작**은 지금도 강박장애 및 공포증을 개선하는 방법의 주류를 이루고 있다.

게슈탈트 심리학

베르트하이머 등
P021

게슈탈트 심리학

의　미　심리현상의 본질은 부분(요소)이 아니라 전체성에 있다는 설
문　헌　〈운동 지각에 관한 실험 연구〉(베르트하이머)
메　모　게슈탈트 심리학은 베르트하이머 외에도 쾰러(p.022), 코프카(1886~1941)가 창
　　　시자로 알려져 있다

의식(마음)은 하나하나의 요소가 모인 덩어리라고 생각한 것이 **분트** 등의 구성주의(요소주의, p.059)이다. 이 생각을 부정한 것이 **베르트하이머** 등의 게슈탈트 심리학이다.

구성주의(p.059)

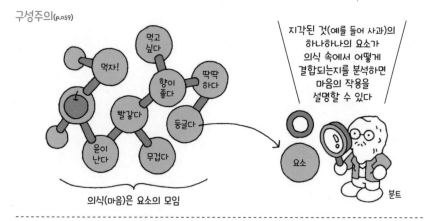

지각된 것(예를 들어 사과)의
하나하나의 요소가
의식 속에서 어떻게
결합되는지를 분석하면
마음의 작용을
설명할 수 있다

먹고 싶다
먹자!
향이 좋다
딱딱하다
빨갛다
둥글다
윤이 난다
무겁다
요소
분트

의식(마음)은 요소의 모임

게슈탈트 심리학

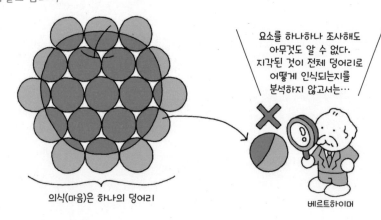

요소를 하나하나 조사해도
아무것도 알 수 없다.
지각된 것이 전체 덩어리로
어떻게 인식되는지를
분석하지 않고서는…

베르트하이머

의식(마음)은 하나의 덩어리

우리는 하나하나의 요소를 조합하여 무언가를 지각하는 게 아니라 전체를 하나의 묶음으로 인식한다고 **게슈탈트 심리학**은 주장한다.

예를 들어 우리는 아래의 그림을 선(요소)이 4개 있다고 파악하는 게 아니라, 2개의 막대이거나 사각형이라고 인식한다.

이들은 요소로 보면 4개의 선이지만, 통합하면 4개의 선 이상의 것이 된다

또한 음악을 들을 때, 우리는 하나하나의 소리를 조각으로 파악하지 않고 하나의 묶음으로 파악한다.

음악에서 음표 하나를 꺼내 조사해도
아무것도 알 수 없다

이와 같이 전체(게슈탈트)는 요소의 총합 이상의 것을 만들어낸다. 따라서 의식의 내용을 요소로 환원하는 것이 아니라 전체적으로 연구해야 한다고 **베르트하이머** 등은 생각했다.

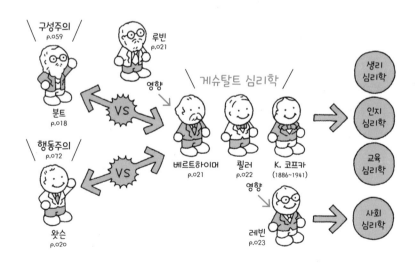

게슈탈트 심리학은 오늘날의 **인지심리학**(p.139)과 **사회심리학**(p.218) 등의 분야에 큰 영향을 미쳤다.

가현운동 apparent movement

의 미	아무것도 없는 공간에 연속적인 운동이 보이는 현상
문 헌	〈운동 지각에 관한 실험 연구〉(베르트하이머)
메 모	베르트하이머의 가현운동 연구가 게슈탈트 심리학(p.082)의 시초라고 한다

베르트하이머 등
P021

게슈탈트 심리학(p.082)은 **베르트하이머**의 연구에서 시작됐다고 알려져 있다. **베르트하이머**는 2개의 도형을 번갈아 점멸시키면 그 도형이 연속되어 있는 것처럼 보이는 것에 주목했다.

번쩍

2개를 교대로 점멸시키면
2개를 연결하는 운동이 지각된다

이 원리를 응용한 것이 영화다.
하나하나의 프레임은 멈춰 있지만
연속해서 보면 움직이는 것처럼 보인다

지금까지는 아무것도 아니지만
2개를 연결하는 운동이 지각된다

이처럼 실제로는 아무것도 없는 부분에 연속운동이 보이는 현상을 가현운동이라고 한다.
가현운동은, 의식은 요소의 총합이라고 보는 **구성주의**(요소주의, p.059)로는 설명할 수 없다.

게슈탈트 요인

의　미	제각각인 것이 통합되어 보이는 현상의 요인
문　헌	〈운동 지각에 관한 실험 연구〉(베르트하이머)
메　모	프레그난츠의 법칙(뿔뿔이 흩어진 전체를 단순한 형태로 인식하려는 심리)이 작용
	함으로써 게슈탈트 요인이 발생한다

베르트하이머 등
P021

베르트하이머는 지각된 몇 가지 요소는 따로따로 인식되는 것이 아니라 하나의 덩어리로 인식된다고 생각했다(군화群化 이론, 체제화 이론). 그는 그 덩어리를 발생시키는 요인을 게슈탈트 요인이라고 명명했다.

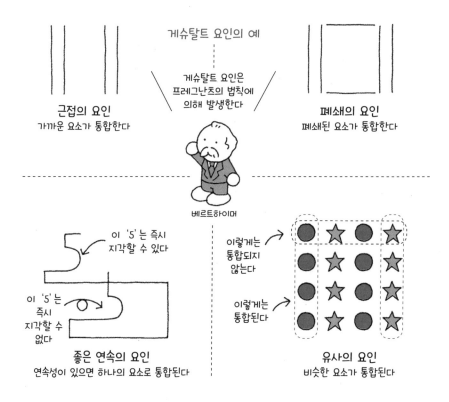

베르트하이머는 사람이 사물 **전체(게슈탈트**, p.083)를 인식할 때 받은 자극을 가능한 한 단순 명쾌한 방향으로 인식하려는 경향이 있다고 생각했다. 이를 프레그난츠의 법칙이라고 한다. 다양한 **게슈탈트 요인**이 발생하는 이유는 인간의 심리에 **프레그난츠의 법칙**이 작용하고 있기 때문이다.

경험 요인

의 미	본 것을 인식할 때 과거의 경험이 영향을 미칠 수가 있다는 것
메 모	게슈탈트 요인(p.085)의 하나로 꼽힌다. 또한 경험 요인은 다른 요인이 동시에 작동할 때는 약해진다

베르트하이머 등
P021

13

경험 요인에 의해
통합되므로
A, 13, C, D라고는
읽지 않는다

A 13 C D
E F …

A, B, C, D ….

경험에서
A, B, C, D로
읽는다

지각에서 얻는 정보에 노이즈가 많거나 반대로 정보 자체가 적은 경우, **경험**이 인식에 큰 영향을 줄 수 있다. 이것을 경험 요인이라고 한다. 예를 들어, 뭉개진 문자의 형태에서 본래의 문자를 예측할 수 있는 것은 사람의 경험에 의한 것이다. 또한 속임수 그림의 내용이 사람에 따라 달리 보이는 요인도 개인의 경험이 영향을 주고 있다.

경험에 따라서
부품의 정리 방법이 다르다

눈

입

젊은 여성으로
보인다

노인으로
보인다

가까이에
노인이 있는
사람에게는
위의 그림이
노인으로 보인다

전경figure과 배경ground

의 미	앞으로 튀어나와 보이는 덩어리 모양이 전경, 뒤로 확산되어 바깥으로 보이는 부분이 배경
문 헌	〈시각적 모양〉(루빈)
메 모	사람은 전경과 배경의 분화(분리)에 의해 형태를 인식하고 있다

루빈
P021

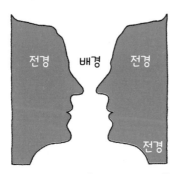 

두 얼굴을 전경으로 보면 다른 부분(잔)이 배경, 잔을 전경으로 보면
다른 부분(두 얼굴)이 배경이 된다. 하나를 전경으로 인식하면
나머지는 배경으로밖에 인식할 수 없다

게슈탈트 심리학(p.082)의 형성에 큰 영향을 미친 **루빈**은 앞쪽으로 튀어나와 보이는 덩어리 모양을 배경, 뒤로 퍼져 보이는 부분을 배경이라고 했다. 유명한 그림 〈루빈의 잔〉의 경우 2개의 얼굴을 **전경**으로 보면 다른 부분(잔)이 **배경**, 잔을 전경으로 보면 그 외의 부분(두 얼굴)이 배경이다. 사람은 전경과 배경의 분화(분리)에 의해 형태를 인식하고 있는 것이다.

전경으로 인식되는 조건의 예

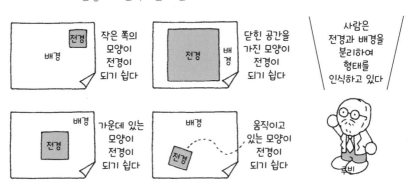

장(場) 이론 field theory

의 미	사람이 파악하는 하나의 틀
문 헌	〈사회 과학에서의 장 이론〉(레빈)
메 모	레빈은 게슈탈트 심리학(p.082)을 사회심리학에 적용하고 '사람의 행동은 장(환경)에 달려 있다'고 하는 장(場) 이론을 고안했다

레빈
P023

4개의 선이 아니라
2개의 막대로 보인다

우리는 일반적으로 위의 그림을 4개의 선으로 파악하지 않고 2개의 막대로 받아들인다. 우리는 하나하나의 요소를 별도로 보고 그들을 연결하는 것이 아니라 사물을 전체적으로 **하나의 틀**(장)로 파악하고 있기 때문이다.

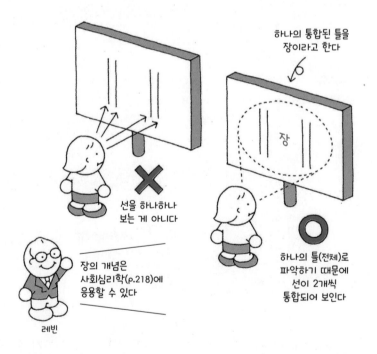

하나의 통합된 틀을
장이라고 한다

장

선을 하나하나
보는 게 아니다

장의 개념은
사회심리학(p.218)에
응용할 수 있다

레빈

하나의 틀(전체)로
파악하기 때문에
선이 2개씩
통합되어 보인다

나중에 **레빈**은 세계를 항상 **장**으로서 파악하는 인간 심리를 **장 이론**(p.218)이라고 부르며 **사회심리학**(p.218)에 응용했다.

통찰학습

의　미	전체 상황을 간파하여 시행착오(p.071) 없이 문제를 해결하려고 하는 마음의 작용
문　헌	〈원숭이의 지혜〉(쾰러)
메　모	통찰학습의 발견은 인지심리학(p.139)에 큰 영향을 줬다

쾰러
P022

게슈탈트 심리학(p.082)은 **구성주의**(p.059)뿐만 아니라 외부 자극에 대한 **반응**만으로 인간을 이해하는 **행동주의**(p.072)에 의문을 제기했다. **쾰러**가 실시한 실험에서 침팬지는 **시행착오** (p.071)의 결과가 아니라 상황을 **전체(게슈탈트)**로 내다보고 **순간적인 통찰**(아하aha 체험)을 통해 문제를 해결했기 때문이다(통찰학습).

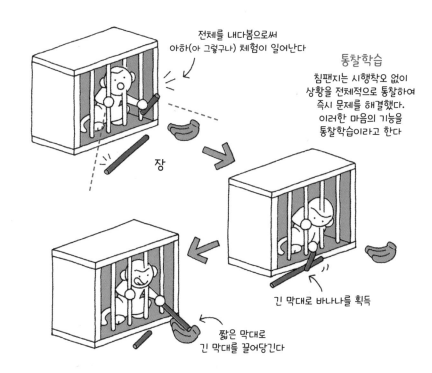

전체를 내다봄으로써
아하(아 그렇구나) 체험이 일어난다

통찰학습
침팬지는 시행착오 없이
상황을 전체적으로 통찰하여
즉시 문제를 해결했다.
이러한 마음의 기능을
통찰학습이라고 한다

장

긴 막대로 바나나를 획득

짧은 막대로
긴 막대를 끌어당긴다

즉 침팬지의 **의식** 속에서 **사고**에 의한 **인지**(판단)가 이루어진 것이다. 이 실험 결과는 **의식** 과 **마음**의 존재를 배제한 **행동주의**의 **S-R 이론**(p.073)으로는 설명할 수 없다. **통찰학습**의 발견은 오늘날의 **인지심리학**(p.139)에 큰 영향을 미쳤다.

정신분석

무의식

의 미	자신이 인식할 수 없는 억압된 의식을 말한다	
문 헌	〈정신분석 입문〉(프로이트)	
메 모	오늘날 프로이트의 '무의식'은 입증할 수 없기 때문에 과학적인 개념이라고 할 수 없다는 비판도 있다	

프로이트
P018

오랫동안 사람은 자신의 행동은 스스로 이성적으로 결정하고 있다고 생각해왔다. 그런데 **프로이트**는 사람의 행동 대부분은 이성으로 통제할 수 없는 무의식에 지배되고 있다고 주장했다.

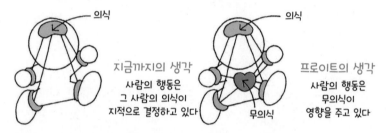

정신과 의사였던 **프로이트**는 신경 증상이 히니인 건방승을 연구하는 과정에서 **무의식**의 존재를 깨달았다. 개인의 잊고 싶은 기억은 **무의식** 속에 갇혀 평소에는 의식하지 못한다. 그런데 때로 신경 증상으로 나타날 수 있다고 그는 생각했다.

프로이트는 환자에게 편안한 상태에서 과거의 기억을 더듬어달라고 했다. 그 결과, 생각하고 싶지 않은 기억이 기억상실증이라는 신경증을 일으킨다는 사실을 깨달았다.

이외에도 동기를 알 수 없는 행동과 착상, 사소한 말 실수, 꿈 등은 모두 **무의식**이 원인이라고 **프로이트**는 말한다.

프로이트는 마음을 의식, 전의식, 무의식의 3개 층으로 나누어 이해했다(국소론). 그리고 평소에는 **무의식** 속에 억압된 기억이 어떤 이유로 의식 속에 들어가서 다양한 행동이 생겨난다고 주장했다.

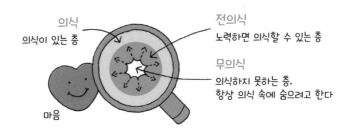

에스 | 자아 | 초자아

의 미   에스는 욕동(欲動)의 저장고. 자아는 의식의 중심. 초자아는 양심
문 헌   〈자아와 에스〉(프로이트)
메 모   프로이트는 인간의 본능과 유사한 정신 에너지를 욕동이라고 부르고, 그 에너지
는 에스에 있다고 했다

프로이트는 마음을 **의식, 전의식, 무의식**의 3개 층으로 나누어 생각했지만(국소론, p.093),
이후에 에스(이드), 자아(에고), 초자아(슈퍼에고)의 3층 구조로 생각하게 된다.

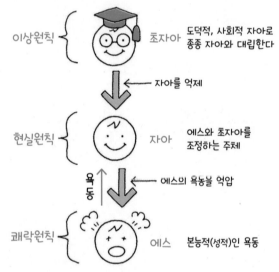

이상원칙 { 초자아   도덕적, 사회적 자아로
종종 자아와 대립한다

자아를 억제

현실원칙 { 자아   에스와 초자아를
조정하는 주체

욕동   에스의 욕농늘 억압

쾌락원칙 { 에스   본능적(성적)인 욕동

에스는 본능적인 **욕동**인 **리비도**(libido, p.096)를 중심으로 하는 무의식적인 심적 에너지의
저장고로, 오직 쾌락만을 추구하는 쾌락원칙을 기반으로 한다. 한편, 스스로 살아가기 위
해 **자아**는 이상원칙에 입각하여 **초자아**에 억제되면서도 현실원칙에 따라 **에스**의 욕동을
억압하고 있다.

쾌락원칙
단지 쾌락만을 추구하는
마음의 작용

현실원칙
욕동을 억압하면서 현실 생활에
적응하려고 하는 마음의 작용

이상원칙
사회에서 양심적으로 살아가려고
하는 이상적인 마음의 작용

자아는 태어날 때부터 존재하는 것이 아니라 인간의 본능적인 욕동을 포함한 **에스**와 그 것을 **억압**하기 위해 후천적으로 생겨난다. **자아**, 즉 **나**는 확고한 것이 아니라 항상 **에스**에 떠밀리는 불안정한 것이다.

유아 성욕을 충족하고 싶다!

어머니를 독차지하고 싶다!

여아

남아

에스
유유아에게는 본능적인 욕동(리비도)이 축적된 무의식의 영역인 에스만 있다

자아의 탄생
여아에게 아버지에 대한 애정이 싹튼다

자아의 탄생
남아에게 어머니에 대한 애정이 싹튼다

엘렉트라 콤플렉스
(p.099)
여아는 어머니를 질투한다

오이디푸스 콤플렉스
(p.099)
남아는 아버지를 질투한다

아버지의 애정을 얻기 위해 어머니를 동일시하고 존경함으로써 어머니에 대한 증오는 억제된다

어머니의 애정을 얻기 위해 아버지를 동일시하고 존경함으로써 아버지에 대한 증오는 억제된다

부수면 안 돼

초자아의 탄생
에스를 억압하고 자아를 확인하는 도덕적, 사회적 초자아가 생겨난다

자아는 초자아를 본보기로 하면서 에스를 억압하면서 살아간다

	리비도 libido
프로이트 P018	의 미　본능적인 에너지인 성적 욕동. 그러나 유유아의 리비도는 12세 이후의 그것과는 다르다
	문 헌　〈성욕에 관한 세 편의 에세이〉(프로이트)
	메 모　리비도는 원래는 '욕망'을 의미하는 라틴어

본능적인 에너지인 **성적 욕동**을 **프로이트**는 리비도라고 부르고, **리비도**가 인간의 주요한 원동력이라고 생각했다. **프로이트**에 의하면 갓 태어난 아기도 **리비도**는 존재하고 발달과 함께 **리비도**는 구강기, 항문기, 남근기, 잠복기, 생식기(성기기)로 변화한다. 각 시기에 맞는 성적 욕동이 제대로 충족되면 **리비도**는 원활하게 변화해간다.

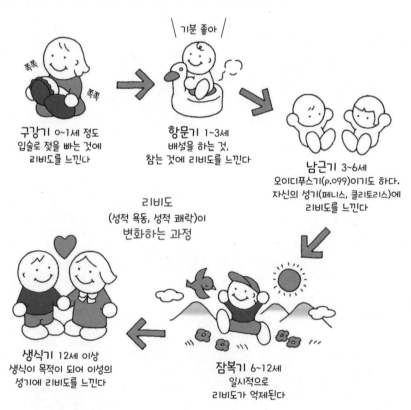

\ 기분 좋아 /

구강기 0~1세 정도
입술로 젖을 빠는 것에
리비도를 느낀다

항문기 1~3세
배설을 하는 것,
참는 것에 리비도를 느낀다

남근기 3~6세
오이디푸스기(p.099)이기도 하다.
자신의 성기(페니스, 클리토리스)에
리비도를 느낀다

리비도
(성적 욕동, 성적 쾌락)이
변화하는 과정

생식기 12세 이상
생식이 목적이 되어 이성의
성기에 리비도를 느낀다

잠복기 6~12세
일시적으로
리비도가 억제된다

그런데 각 시기에 **리비도**가 일반적인 방법으로 충족되지 않으면 성인이 되고 나서 그 시기에 고착된 증상이 나타난다고 **프로이트**는 생각했다. 그는 6세 정도까지의 경험이 이후의 인생을 크게 좌우한다고 말한다.

구강기에 제대로 리비도가 충족되지 않은 경우

육아에 무관심한 부모

젖 줘

0~1세

손톱을 깨물거나 손가락을 빤다

다른 사람에 의존한다

담배 중독

구강기에 고착된 성격이 된다

항문기에 제대로 리비도가 충족되지 않은 경우

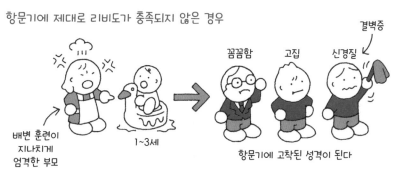

배변 훈련이 지나치게 엄격한 부모

1~3세

꼼꼼함　고집　신경질

결벽증

항문기에 고착된 성격이 된다

남근기에 제대로 리비도가 충족되지 않은 경우

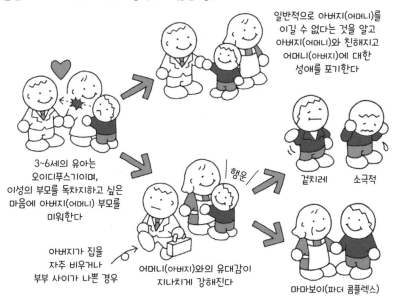

일반적으로 아버지(어머니)를 이길 수 없다는 것을 알고 아버지(어머니)와 친해지고 어머니(아버지)에 대한 성애를 포기한다

3~6세의 유아는 오이디푸스기이며, 이성의 부모를 독차지하고 싶은 마음에 아버지(어머니) 부모를 미워한다

아버지가 집을 자주 비우거나 부부 사이가 나쁜 경우

어머니(아버지)와의 유대감이 지나치게 강해진다

행운

겉치레　소극적

마마보이(파더 콤플렉스)

오이디푸스 콤플렉스

의 미	남근기의 자녀가 동성의 부모에게 갖는 콤플렉스
문 헌	〈정신분석 입문〉(프로이트)
메 모	그리스 신화에 등장하는 오이디푸스가 아버지를 죽이고 어머니와 맺어진 비극이 어원이다

프로이트
P018

인간 행동의 주요 원동력은 성적 욕망이라고 **프로이트**는 생각했다. **프로이트**에 의하면 남아의 경우 **3세부터 6세**(남근기, p.096) 정도가 되면 엄마와 결합하려고 무의식적으로 생각하게 된다. 그리고 어머니의 사랑을 독차지하고 싶은 마음에 아버지가 싫어지기 시작한다.

오이디푸스 콤플렉스(남아의 경우)

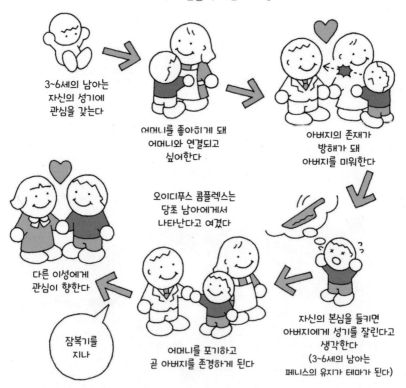

3~6세의 남아는 자신의 성기에 관심을 갖는다

어머니를 좋아하게 돼 어머니와 연결되고 싶어한다

아버지의 존재가 방해가 돼 아버지를 미워한다

오이디푸스 콤플렉스는 당초 남아에게서 나타난다고 여겼다

다른 이성에게 관심이 향한다

잠복기를 지나

어머니를 포기하고 곧 아버지를 존경하게 된다

자신의 본심을 들키면 아버지에게 성기를 잘린다고 생각한다 (3~6세의 남아는 페니스의 유지가 테마가 된다)

그러나 아버지는 강해서 맞설 수 없다. 만약 자신의 마음을 아버지에게 들킨다면 큰일이다. 아이는 마음의 갈등을 거쳐 결국 어머니를 포기하고 **잠복기**(p.096)에 들어간다. 그 후 **생식기**(p.096)에는 다른 이성에게 관심을 갖고 아버지도 존경하게 된다.

엘렉트라 콤플렉스(여아의 경우)

여아의 오이디푸스 콤플렉스는 나중에 융에 의해 엘렉트라 콤플렉스라고 불리게 됐다

3~6세의 여아는
자신에게 페니스가 없는 것을
깨닫지만 조만간 나온다고 믿는다

어머니에게 애정을 품지만
어머니도 페니스가 없다는 것을
깨닫는다

페니스를 갈망하고
불완전한 형태로 낳은
어머니를 미워한다

이 설은
과연 사실인가?

대신에
아버지를 사랑한다

이윽고 어머니와 화해하고
다른 이성에게 관심이 향한다

여아의 경우 아버지를 오래 사랑해
강력한 초자아가 생기기 어렵다고
프로이트는 생각했다

이 설은 많은 비판을
받고 있다

이성 부모에 대한 성욕에서 동성의 부모에 대항하는 마음을 품는 것을 **프로이트**는 오이디푸스 콤플렉스라고 명명하고, 그러한 갈등의 시기를 오이디푸스기(3~6세)라고 불렀다.

행운

한국은 육아를
어머니에게 맡기는
경향이 있어
마마보이가 많다는
설이 있다

아이의 오이디푸스기에
부모의 사이가 나쁘거나
아버지가 집을 자주 비운다면…

아이는 어머니와의 거리가 가까워져서
어머니와 쉽게 떨어지지 못하거나
편향된 성격이 된다고 프로이트는 생각했다

오이디푸스기에 부모의 사이가 나쁘거나 아버지가 집을 자주 비우면 어머니와의 거리가 지나치게 가까워져서(남아의 경우) 어머니와 제대로 떨어지지 못한다고 **프로이트**는 생각했다. 그러면 어른이 돼도 **오이디푸스 콤플렉스**가 이어진다는 것이다. 아이는 3~6세 사이에 동성의 부모로부터 사회성을 배운다고 **프로이트**는 생각했다.

방어기제

의　미	심적 스트레스를 피하기 위한 자아의 작용
문　헌	〈자아와 방어기제〉(프로이트)
메　모	지그문트 프로이트가 고안한 개념이지만, 후에 딸 안나 프로이트(p.023)에 의해 정리됐다

프로이트
P018

자아는 항상 **에스**에서 승화하는 욕동에 노출되어 있다(p.094). 따라서 자아는 스스로의 붕괴를 막기 위해 다양한 **심리적 방어**를 취하고 있다고 **프로이트**는 생각했다. 이 마음의 작용을 자아 방어기제라고 한다. **자아**의 방어기제 기능은 의식적으로, 또한 종종 **무의식적**으로 이루어진다. **방어기제**는 억압, 반동 형성, 동일, 합리화, 퇴행, **승화**(p.102) 등 다양한 종류가 있다.

억압

불쾌한 경험이나 기억을 무의식의 영역으로 밀어내 잊으려고 하는 마음의 작용

옛날 자주 선생님에게 혼났지

그랬던가, 전혀 기억이 나지 않아

동일화

동경하는 인물과 같은 언동을 함으로써 그 사람에 몰입하여 자신의 불안과 욕동을 해소하려고 하는 마음의 작용

아이돌처럼 행동한다

반동 형성

사람은 동시에 다른 의식을 가질 수 없다. 그래서 에스의 욕동을 억제하기 위해 본심과 반대되는 것을 의식하고 본심을 억제하려고 하는 마음의 작용

A씨는 정말 좋은 사람이군요

A씨

사실은 A씨를 싫어한다

합리화

욕망이 충족되지 않을 때 합리적인 이유를 만들어내 자신을 납득시키려고 하는 마음의 작용

저건 나한테 어울리지 않아

사실 비싸서 살 수 없다

500만 원

도피

공상, 일, 도박, 질병 등으로
현실을 마주하지 않고
도망치려고 하는 마음의 작용

퇴행

현재의 자아 상태에서는
제대로 문제를 해결할 수 없어,
어린 시절의 자아 상태로 되돌아가서
문제를 해결하려고 하는 마음의 작용

으앙, 으앙.
나 사장이
되고 싶어

울음으로 문제를 해결하려고 한다.
즉 유아기의 해결책을 취하려고 한다

대체

억압된 감정을 다른 대상에게
대신해서 발산하려고 하는 마음의 작용

뭐하는 거야!

상사

뭐하는 거야!

부하

투사

자신 안에 있는 받아들이기 어려운
욕동과 같은 욕동을 상대가 갖고 있다고 생각하고
그것을 비난함으로써 불안을 해소하려고 하는
마음의 작용

술은 그만!

사실 알코올 중독

보상 (p.118)

열등감을 다른 방법으로 채우려고 하는
마음의 작용

공부는
못하지만
그림은
잘 그린다

승화

의 미	억압된 욕동을 사회적으로 인정받을 수 있는 행동으로 대체하는 것. 방어기제의 하나로 꼽힌다
문 헌	〈나르시시즘 입문〉(프로이트)
메 모	승화에 의해 문화·문명이 발전해왔다고 프로이트는 생각했다

프로이트
P018

프로이트가 가장 중요하게 여기는 **방어기제**(p.100) 중 하나가 승화이다. **승화**는 억압된 사회적, 문화적으로 인정되지 않은 욕동을 인정받을 수 있는 행동을 대체하여 만족시키는 마음의 작용을 말한다. 즉, **대체**(p.101)의 건전한 방식이다. 성적 욕동을 예술로 향하거나 공격적인 욕동을 스포츠로 향하는 행동이 대표적인 예라고 할 수 있다.

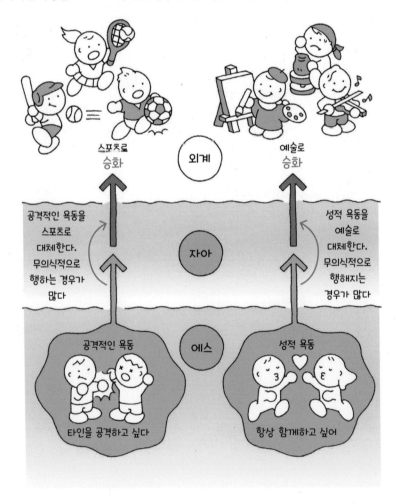

에로스 | 타나토스

의 미	에로스는 '삶의 욕구'. 타나토스는 '죽음의 욕구'
문 헌	〈쾌락원칙의 저편〉(프로이트)
메 모	프로이트는 만년에 리비도를 에로스라고 바꾸어 불렀고, 타나토스와 대립하는 개념으로 여겼다

프로이트
P018

타나토스
스스로 죽음으로 향하려는 욕구

파괴 행동

무(無)라는 침묵의 세계

쾌락원칙(p.094)과 현실원칙(p.094)으로는 설명되지 않는 마음의 작용이 있어

사람은 태어나기 전의 갈등이 없는 무기물로 돌아가고 싶은 욕망이 틀림없이 있어

무차별 살인   자해

프로이트는 타나토스가 다양한 행동으로 나타난다고 생각했다

에로스(리비도)
성적 욕동과 살려고 하는 욕구

타나토스의 반대가 에로스

에로스는 알기 쉬운 욕구이다

살려고 하는 욕구

프로이트는 만년에 리비도(p.096)를 에로스라고 바꾸어 타나토스와 대립하는 개념으로 여겼다

성적 욕구

프로이트는 만년에 자해나 무차별 살인 같은 **쾌락원칙**(p.094)과 **현실원칙**(p.094)만으로는 설명할 수 없는 행동을 설명하기 위해 타나토스 개념을 도입했다. 모든 생물은 자신이 태어나기 전의 무기물 상태로 돌아가려고 하는 욕구가 있다는 것이다. 이러한 **죽음의 욕구**가 타나토스이다. 이에 대해 성적 욕구와 자기 보존 욕구 같은 살고자 하는 본능적인 **삶의 욕구**를 에로스(리비도)라고 불렀다.

정신분석

의 미	프로이트가 시작한 연구로, 무의식을 의식화시켜 분석
문 헌	〈정신분석 입문〉(프로이트)
메 모	정신분석은 객관적인 방법이 아니기 때문에 과학이 아니라는 비판도 있다

프로이트
P018

정신과 의사인 **프로이트**가 환자의 치료를 위해 취한 주요 **심리치료**(p.114)는 자유연상법이라고 불린다. **자유연상법**이란 환자를 소파에 눕혀 휴식을 취하게 한 상태에서 마음에 떠오르는 것을 말하게 해서 억압된 무의식의 욕망과 충동을 밝혀내는 방법이다. 무의식을 의식화해서 분석하는 프로이트의 연구는 정신분석(정신분석 치료법)으로 발전한다.

꿈의 해석

의 미	꿈을 무의식의 욕망이 형태를 바꾸어 나타나는 이미지라고 정의하고, 꿈의 내용으로 무의식의 욕망을 밝혀내는 방법
문 헌	〈꿈의 해석〉(프로이트)
메 모	꿈의 이미지는 주로 성욕을 나타낸다고 프로이트는 생각했다

프로이트
P018

프로이트는 꿈을 '수면으로 **자아**(p.094)의 억압이 저하함에 따라 무의식중에 **욕동(리비도,** p.096)이 떠오르고, 그것이 의식과 섞여서 만들어지는 것'이라고 정의한다. 그는 **꿈의 내용을 분석**(꿈의 해석)하여 억압된 무의식의 욕망을 밝혀낼 수 있다고 생각했다. **꿈의 해석**도 **자유연상법**(p.104)과 마찬가지로 **프로이트**에게 중요한 **정신분석 치료**(p.104)의 하나이다.

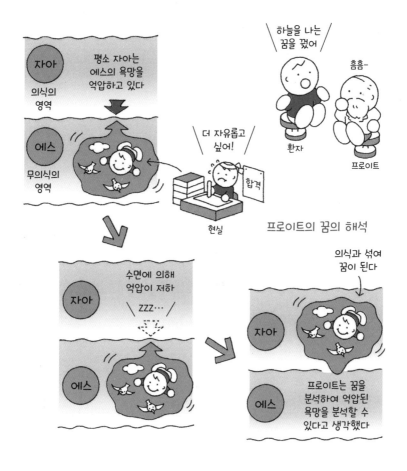

집단적 무의식

의 미	사람의 마음의 최심부에 있는 인류 공통의 의식
문 헌	〈무의식의 심리학〉(융)
메 모	프로이트는 개인의식만을 문제로 했기 때문에 융의 집단적 무의식이라는 발상은 프로이트와 결별을 하는 계기가 됐다

융
P020

프로이트(p.018)의 제자였던 정신분석학자 **융**은 세계 각국에 비슷한 모양이 많다는 걸 깨달았다. 또한 세계 각국의 신화에도 공통점이 많다는 것을 알게 됐다.

이러한 사실에서 **융**은 무의식 영역의 더 깊은 곳에 **인류의 조상으로부터 면면히 계승되고 있는 기억**(원형, p.108)를 저장하는 집단적 무의식의 영역이 있는 것은 아닐까 생각했다.

융의 생각에 따르면 **자아**(개인의 의식)의 근원에 개인적인 감정과 기억이 저장되어 있는 개인적 무의식이 있다. 그리고 그보다 더 깊은 곳에 개인과 문화를 초월한 인류 공통의 기억이 저장되어 있는 **집단적 무의식**이 있다는 구조로 마음을 파악하려고 했다.

집단적 무의식

집단적 무의식 속에 있는
인류 공통의 원형(p.108)은
유전적으로 계승되어 간다

원형
(p.108)

원형의 기억이
유전으로 이어진다

원형

집단적
무의식

원형

원형

집단적
무의식

개인의 경험에 의한
무의식이 저장되는
영역

원형

인류 공통의 의식이
저장되는 영역

자아

개인적
무의식

자아

개인적
무의식

자아

개인적
무의식

자아

개인적
무의식

집단적
무의식

아니무스
(원한)

아니마
(정신)

영웅

페르
소나

셀프

그림자

107

<table>
<tr><td rowspan="2">
융
P020</td><td colspan="2" align="center"># 원형</td></tr>
<tr><td>
의　미　집단적 무의식 속에 있는 다양한 이미지를 말한다
문　헌　〈무의식의 심리학〉(융)
메　모　원형이란 어머니, 남성, 영웅 등에 대한 인류 공통의 개념이라고 할 수 있다
</td></tr>
</table>

융은 전 세계에 존재하는 모양이나 신화에 공통점이 많다는 것을 알게 됐다. 이 사실에서 사람들의 마음에는 인류의 조상으로부터 유전으로 전해지는 **집단적 무의식**(p.106)의 영역이 있는 것은 아닐까 생각했다. 그리고 **집단적 무의식** 속에 저장되어 있는 요소를 원형이라고 명명했다. **원형**은 다양한 이미지가 의식화되지만 **원형** 자체를 의식하지는 못한다.

원형

인류 공통의 의식인 집단적 무의식 속에
저장되어 있는 요소를 원형이라고 한다.
원형에는 위대한 어머니, 늙은 현인, 자기(Self) 등이 있다

꿈에서
이러한 이미지가
의식화된다

성모　우상　바다

원형의 의식화
(예: 위대한 어머니)

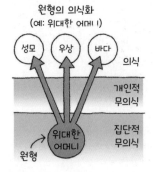

위대한 어머니

모든 인류의 무의식 속에 있는 '엄마다운 것'.
부드러움과 포용력을 겸비하고 있지만
속박도 하는 인물이 되어 의식화된다

비너스　현녀　창녀

아니마

모든 남성의 무의식 속에 있는 여성상.
꿈에 나오는 매력적인 여성은
아니마가 바탕이 되어
나타난 것이라고 할 수 있다

학자　강한 남성　리더

아니무스

모든 여성의 무의식 속에 있는 남성상.
강한 남성, 박식한 학자, 지도자 등의
이미지가 의식화된다

친절한 노인　　태양, 번개　　아버지, 상사　　마법사

늙은 현인(올드 와이즈맨)

모든 인류의 무의식 속에 있는 이상적인 부친상.
늙은 현인은 윤리, 권위, 질서의 원형이기도 하다.
그러나 이 원형에 속박되어 버리면 오히려 마음의 자유를 빼앗긴다

동성에게 자신의 그림자를 볼 수 있다　귀신　　악마　　말하는 동물

그림자

자신의 무의식 속에 있는 또 다른 자신.
악마의 이미지와 부정적인 이미지가 의식화되는 경우가 많다.
그러나 그림자를 부정하는 것은 자신의 잠재적인 가능성을 부정하게 된다

장난꾸러기
요정　　　광대

트릭스터

모든 인류의 무의식 속에 있는
권력과 질서를 파괴하려고 하는 요소.
어릿광대 같은 이미지로 의식화된다

신　　빛　　아름다운 모양

자기(셀프)

완전한 자신상. 진정한 자신상.
십자가와 만다라 등의 아름다운 형태와
모양, 빛 등의 이미지가 되어 의식화된다

영웅

모든 인류의 무의식 속에 있는 영웅상.
옛날이야기의 영웅 등이 의식화된다

페르소나

무의식 속에 있는 사회에 적응하는 성격.
장면에 따라 사용 가면(페르소나)에 비유했다

원형에는 **위대한 어머니, 아니마, 아니무스** 등이 있으며, 그들은 우리의 행동에 큰 영향 주고 있다고 **융**은 생각했다.

외향형 | 내향형

의 미	심적 에너지(흥미와 관심)가 자신의 주변 환경으로 향하는 경향을 외향성, 자신의 내면으로 향하는 경향을 내향성이라고 한다
문 헌	〈심리 유형〉(융)
메 모	성격을 몇 가지 유형으로 분류하는 것을 유형론(p.275)이라고 한다.

융
P020

융은 정신과의사로서의 경험에서 인간은 외향성과 내향성이 있다고 생각했다. **외향성**은 심적 에너지(흥미와 관심)가 자신의 주변 환경으로 향하는 경향을 말한다. **외향성**이 강한 외향형의 사람은 밝고 사교적인 반면 쉽게 뜨거워지고 쉽게 식는 면이 있다. **심적 에너지**가 자신의 내면으로 향하는 **내향성**이 강한 내향형인 사람은 내성적이고 비사교적이라고 평가받지만 끈기 있고 사려 깊은 면이 있다.

외향형
에너지가 자신의 밖으로 향하는 유형

밝고 사교적이지만,
사물의 판단 기준이 주위에 좌우되기 쉽다

내향형
에너지가 자신 안으로 향하는 유형

소극적이고 사교적이지는 않지만,
혼자라도 괜찮으므로 마음은 항상 충실하다

또한 융은 마음에는 4가지 기능(작용)이 있다고 생각하고 마음의 기능을 사고기능, 감정기능, 감각기능, 직관기능으로 분류한다. 그리고 이 4가지 기능별로 각각 외향성과 내향성이 있다고 했다.

마음의 4가지 기능

사고기능
사물을 합리적으로
판단하는 마음의 기능

감정기능
사물을 감정으로
판단하는 마음의 기능

감각기능
사물을 유쾌 · 불쾌로
판단하는 마음의 기능

직관기능
사물을 직관적으로
판단하는 마음의 기능

성격의 8가지 유형

	외향형	내향형
사고 기능이 강한 유형	**외향 사고형** 나는 일을 좋아해요 현실 사회의 문제에 대해 합리적으로 해결할 수 있는 엘리트 비즈니스맨 유형	**내향 사고형** 이론이 좋아 다른 사람의 의견에 좌우되지 않는 학자 타입. 현실적인 것보다 추상적인 것에 관심이 있다
감정 기능이 강한 타입	**외향 감정형** 수다 떠는 게 좋아! 다른 사람의 감정에 공감할 수 있기 때문에 인기가 많다. 사교적인 유형	**내향 감정형** 내면의 충실이 중요하지 감수성이 풍부하고 좋고 싫음이 분명하지만, 그것을 밖으로 드러내지 않는 타입
감각 기능이 강한 타입	**외향 감각형** 아름다운 것, 맛있는 것이 좋아! 보고, 듣고, 먹기를 좋아하고, 일상생활을 즐기는 쾌락주의자	**내향 감각형** 저 구름은 왜 나를 기다리고 있지? 공상을 좋아하고, 일상생활에서 다른 사람과는 다른 감동과 놀라움을 추구하는 유형
직관적 기능이 강한 타입	**외향 직관형** 도전 하자! 항상 새로운 가능성을 추구하는 모험가 타입. 단조로운 생활을 좋아하지 않는다	**내향 직관형** 떠올랐다! 영감과 직관에 따라 행동하는 천재 예술가 타입. 사교성이 없기 때문에 괴짜라고 볼 수 있다

임상심리학

심리치료

문 헌	〈정신분석 입문〉(프로이트), 〈인간 중심 치료〉(로저스) 등
메 모	심리치료는 주로 카운슬러가 카운슬링(상담, 조언)을 함으로써 이루어진다

프로이트 등
P018

심리학은 기본적으로 일반적인 인간 심리의 법칙을 실험을 통해 과학적으로 해명하고자 하는 학문이다(실험심리학, p.058). 이에 대해 임상심리학은 **마음의 문제를 안고 있는 개인**(내담자)의 지원, 치료를 목적으로 한다.

기본적인 심리학
실험심리학(p.058) 등
인류에 공통된 심리를 밝히는 것이 목적.
실험과 실증을 중시한다

흠흠~

임상심리학
한 사람 한 사람의 개인적인 마음의 문제를
치료하는 것이 목적이다.
그 방법으로 심리치료가 있다

함께 마음의 병을
치료하자

내담자(클라이언트)의 치료 방법에는 약물치료와 심리치료의 2가지가 있다. **심리치료는 프로이트**(p.018)가 창시한 ❶ **정신분석**(p.104), **행동주의**(p.072)의 생각을 기반으로 한 ❷ **행동치료**, **로저스**(p.025)의 ❸ **인간 중심 치료**(p.128), **인지심리학**(p.139)을 기반으로 한 ❹ **인지치료**(p.134) 등이 있으며, 현재는 ❷와 ❹를 병용한 인지행동치료가 중심이다.

하늘의 의미는 ○○입니다.
당신은 이제 ○○을
바라보고 있습니다
하늘이 보입니다

하늘이
보입니다

❶ 정신분석 (p.104)
내담자의 무의식을 의식화시켜
마음의 문제를 해결한다.
자유연상법(p.104)과
꿈의 해석(p.105) 등이 있다

❷ 행동치료

고전적 조건형성(p.069)에 의한
학습을 훈련을 통해 새로운 조건형성으로
바꾸어 행동을 변화시키는 요법.
반대로 상호억제(p.078)와
체계적 탈감작(p.079)이 있다.
나중에 아이젱크(p.030)는
행동치료만이 효과적인 심리치료라고
주장했다

❸ 인간 중심 치료(p.128)

내담자의 생각을 무조건 긍정하면서
내담자 자신이 문제 해결하는 것을 돕는 치료

❹ 인지치료(p.134)

내담자의 잘못된 인식을
상담을 통해 수정하는 치료

심리치료에는 이외에도 펄즈(p.023)의 **게슈탈트 치료**(p.125), 엘리스(p.029)의 **합리정서행동치료**(p.133) 등이 있다.

게슈탈트 치료(p.125)

내담자이 자신 안의 다양한 마음을
'깨닫는' 것을 도와주는 치료

합리정서행동치료(p.133)

생각을 바꿈으로써 고민을 해소하는 치료.
클라이언트와 카운슬러가 토론할 수 있다.

아들러 심리학

의 미		아들러가 주장한, 행동의 원인보다는 목적을 중시하는 심리학
문 헌		〈삶의 의미〉(아들러)
메 모		아들러 심리학은 개인은 더 이상 나눌 수 없다는 생각에서 유래해서 개인심리학 이라고도 한다

아들러
P020

아들러는 **프로이트**의 **정신분석**(p.104)에 큰 영향을 받았지만, **프로이트**가 인간 행동의 **원인**을 연구한 반면 **아들러**는 원인이 아니라 **목적**에 주목했다. 개인심리학이라고도 불리는 아들러 심리학은 마음을 **치료**하기 위한 심리학이다. 거기에는 **목적론적, 전체론적, 기능주의적, 실존주의적** 등의 관점이 포함되어 있다.

아들러 심리학은 목적론

경험과 감정이 원인이 되어 행동이라는 결과를 일으킨다(원인론)고는 생각하지 않고
목적을 수행하기 위해 경험과 감정을 이용한다고 생각한다(목적)

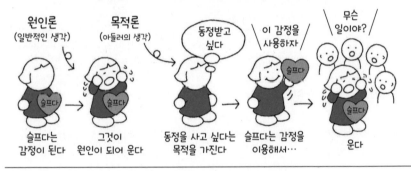

아들러 심리학은 전체론·기능주의

아들러는 개인을 더 이상 나눌 수 없는 최소의 단위로 생각한다(개인심리학).
예를 들어, 감정과 생각은 개인 안에서 대립하고 있는 게 아니라
개인이라는 전체가 자신의 목적을 달성하기 위해 감정과 사고라는 기능을 사용한다

프로이트의 생각

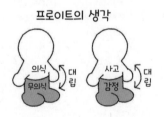

프로이트는 사고와 감정, 의식과 무의식은 개인 안에서
대립하고 있다고 생각했다. 한편, 아들러는 사고와 감정은
목적을 수행하기 위한 기능이라고 생각했다

아들러의 생각

프로이트의 생각

프로이트는 자신의 행동은 자신의 의사에 의한 것이 아니라고 생각했다

아파!	\ 뱀이다! /	\ 도망쳐! /
과거의 경험	무섭다는 감정이 생긴다	경험이 행동을 좌우하다

아들러의 생각

그 경험을 이용하자

과거의 경험

무서워

\ 뱀이다! /

\ 도망쳐! /

과거의 경험에 의한 감정을 이용하여 도망친다

무서워

아들러 심리학은 실존주의

아들러는 자신의 행동은 무의식과 감정에 좌우되는 것이 아니라
자신의 주체적인 의사에 의한 거라고 생각한다

아들러 심리학은 현상학

객관적인 사실이 아니라 현상에 대한
주관적인 의미 부여를 중시한다

(라이프스타일, p.121)

나에게
A씨는

무서운 상사

아들러는 '사실'은 내가 만들어내고
있다고 생각한다. 즉 내가 인식을 바꾸면
A씨는 부드러운 상사가 된다

아들러 심리학은 대인관계론

인간이 안고 있는 문제는 개인의 내면에서
일어나는 게 아니라 모두 대인관계로 생기는
문제라고 생각한다. 따라서 아들러 심리학은
사회심리학적인 경향이 있다

(공동체 감각, p.123 | 과제의 분리, p.120)

과제

문제(과제)는
나의 내면에 있다고
생각한다

과제

아들러는 모든 문제는 타인과의
사이에 있고 그것을 내가 안고
있다고 생각한다

		보상
의 미	열등감을 극복하려고 하는 마음의 작용을 말한다	
문 헌	〈기관 열등성의 연구〉(아들러)	
메 모	성적이 나쁜 것을 보상하는 경우, 공부 자체를 열심히 하는 경우와 스포츠 등 다른 분야에서 보완하려는 경우가 있다	

아들러
P020

아들러는 **프로이트**(p.018)의 **정신분석**(p.104)에 큰 영향을 받았지만, **성적(性的) 에너지**가 인간을 움직인다고는 생각하지 않았다. **아들러**는 **방어기제**(p.100) 중에서도 특히 보상을 중요하게 여긴다. **열등감**을 **보상**하려는 마음의 움직임이 행동의 에너지라고 생각했기 때문이다. 아들러에 의하면, 남들보다 우수하고 싶다는 **우월 욕구**가 그러한 마음의 움직임을 만들어낸다.

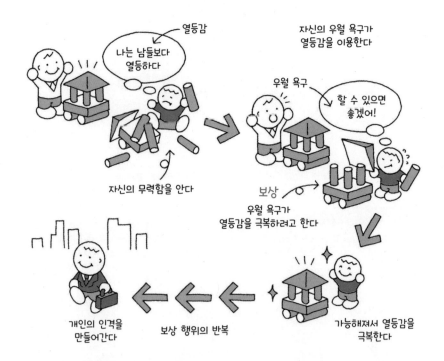

사람은 어릴 때부터 **우월 욕구**가 있지만 주위는 어른이나 자신보다 나이가 많은 아이, 우수한 아이뿐이어서 모든 면에서 대적하지 못한다. 그러나 거기에서 열등감을 극복하려는 **행동(보상 행위)**이 생긴다. 그리고 그 행동이 **라이프스타일**(p.121)이 되고, 개인의 인격을 형성해나간다고 **아들러**는 생각했다.

열등 콤플렉스

의 미	자신의 열등감에 고집하는 것, 그것을 과시하고 변명을 하는 것
문 헌	〈삶의 의미〉(아들러)
메 모	신체 기능이 객관적으로 남들보다 열등하다는 것을 기관 열등성, 주관적으로 남들보다 열등하다고 여기는 것을 열등감이라고 한다

아들러
P020

인생의 과제을 극복하는 것을 거부하는 구실로써 자신의 열등감을 과시하고 자신과 타인을 속이는 것을 열등 콤플렉스라고 한다. 예를 들어, 친구가 생기지 않는 이유를 원래의 열등감인 신장 탓으로 돌리는 식이다. 또한 열등감을 극복하지 못하고, 타인에 대한 우월감을 끊임없이 추구하는 것을 우월 콤플렉스라고 한다.

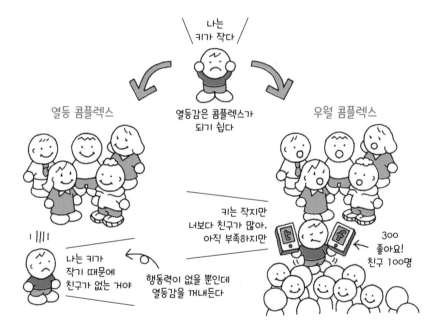

열등감은 자칫 잘못하면 **열등 콤플렉스**(또는 **우월 콤플렉스**)가 된다. 그러나 열등감이란 본래 자신감과 보람을 가져오기 때문에 이를 이용해야 한다고 **아들러**는 생각한다.

과제의 분리

의 미	다른 사람이 극복해야 할 과제와 자신이 극복해야 할 과제를 구분하는 것	
문 헌	〈삶의 의미〉(아들러)	
메 모	승인 욕구는 타인의 문제에 개입하는 것이며, 자신의 자유를 빼앗는다고 아들러 생각했다	

아들러
P020

자유롭게 살기 위해서는 **다른 사람이 극복해야 할 과제와 자신이 극복해야 할 과제**를 명확하게 나눌 필요가 있다고 아들러는 생각한다(과제의 분리).

예를 들어, 좋아하지도 않는 사람에게 사랑을 고백받으면 비록 상대가 상처를 받아도 받아들일 필요는 없다. 마음의 상처를 극복하는 것은 당신의 과제가 아니라 상대의 과제이기 때문이다.

타인의 인생이 아니라 자신의 인생을 살기 위해서는 다른 사람의 평가를 신경 쓰면 안 된다. 왜냐하면 자신을 평가하는 것은 타인의 과제이며, 다른 사람의 감정을 컨트롤하는 것은 불가능하기 때문이다.

아들러 P020	# 라이프스타일

의　미　개인이 선택하는 경향이 있는 생각과 행동의 패턴
문　헌　〈개인주의 심리학의 이론과 실제〉(아들러)
메　모　아들러는 인간의 고민은 모두 대인관계의 고민이라고 생각했다

개인의 세계관을 바탕으로 개인이 선택하는 생각과 행동의 패턴을 **아들러**는 라이프스타일이라고 한다. **라이프스타일**은 개인이 성공과 실패를 반복하고 '~의 경우는 ~을 하는 편이 좋다'는 것을 배우면서 형성된다.

사람들은 종종 자신의 **라이프스타일**에 따라 행동한다. 예를 들어 다른 사람이 무서운 사람은 다른 사람을 피하는 **라이프스타일**에 따른다. 오랫동안 이어져온 **라이프스타일**은 비록 자신이 불행하다고 느껴도 바꾸는 것은 어렵다. 그러나 **공동체 감각**(p.122)을 가지면 행복한 **라이프스타일**로 바꿀 수 있다고 **아들러**는 말한다.

공동체 감각

의 미	개인이 공동체에 속함으로써 기억하는 신뢰감과 기여도
문 헌	〈삶의 의미〉(아들러)
메 모	공동체 감각은 누구나 선천적으로 가지고 있지만, 잠재적인 기능이므로 의식적으로 길러야 한다고 아들러는 말한다

아들러
P020

자유롭게 살기 위해서는 먼저 다른 사람이 극복해야 할 과제와 자신이 극복해야 할 과제를 명확하게 나눌 필요가 있다고 **아들러**는 생각했다(과제의 분리, p.120). 타인의 인생이 아닌 자신의 인생을 걷지 않으면 안 된다.

남의 인생이 아니라 자신의 삶을 살기 위해
다른 사람의 과제와 자신의 과제를 나눠야 한다고
아들러 생각했다

그러나 주위 사람은 모두 적이라는 생각에 빠져들면 그것이 가장 불행하다고 **아들러**는 말한다. 행복하게 살기 위해서는 자신은 주위를 둘러싼 **공동체의 일원**이라고 느끼는 것을 잊어서는 안 된다. 자신과 타인의 과제를 명확하게 구별한 후 서로 협력하면서 각자의 과제를 해결하려는 자세가 중요하다.

122

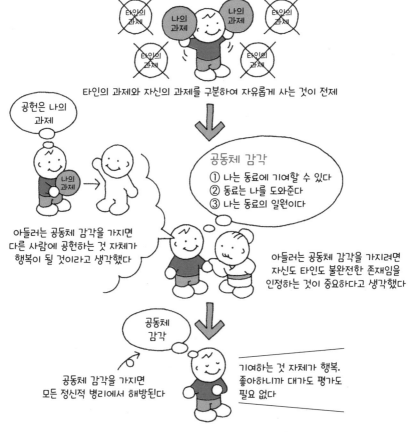

공동체에 대한 소속감, 신뢰감, 기여도를 합한 감각을 공동체 감각이라고 한다. 이 감각을 가지면 타인에 대한 기여 자체가 행복으로 느껴지고 보상도 필요 없다. 다른 사람의 눈도 신경 쓰지 않게 되어 정신적인 병리(病理)에서 해방된다고 아들러는 주장한다. 이러한 협조의 기본은 서로 '감사합니다'라고 마음을 전달하는 것이라고 그는 말한다. **공동체 감각**을 가진 사람끼리 서로 자신의 기여를 실감할 수 있기 때문이다.

아들러는 서로 돕는 기본은 감사의 마음을 전하는 것이라고 생각했다.
그러면 서로 자신이 기여하고 있음을 실감할 수 있다

게슈탈트 치료

의 미	내담자이 내 안의 다양한 감정을 받아들이는 것을 목표로 하는, 정신분석과 내담자 중심 요법을 바탕으로 펄즈가 시작한 심리치료
문 헌	〈게슈탈트 치료〉(펄즈)
메 모	게슈탈트 치료는 게슈탈트 심리학(p.082)과는 무관하다

펄즈
P023

프로이트(p.018)와 마찬가지로 **펄즈**도 유아기에 해결하지 못한 문제가 무의식적으로 마음의 문제를 일으킨다고 생각했다. 그러나 **펄즈**는, 문제는 과거에 있는 게 아니라 지금의 마음 속에 있다고 생각한다. 트라우마는 지금 마음 속에 있으니까 그 문제는 지금 여기에서 바꿀 수 있는 것이다(지금의 원칙).

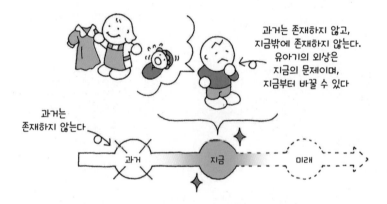

예를 들어, 유아기에 겪은 어머니와의 갈등이 계속 남아 있는 경우 유아기를 **지금 여기**서 다시 체험하고 미완의 행위, 예를 들어 응석부리는 것을 **지금 여기**에서 발견하고 **지금 여기**에서 해결을 위한 행동을 하면 마음에 뚫린 구멍을 채울 수 있다고 **펄즈**는 생각했다.

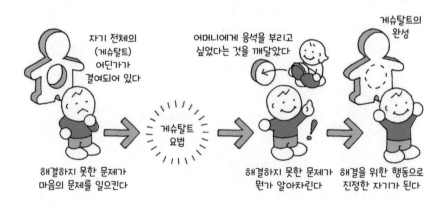

본인은 모르고 있는 **미완의 행위를 깨닫는** 것을 돕는 것이 펄즈가 창시한 게슈탈트 치료이다. **게슈탈트**란 **전체**라는 뜻으로, 여기에서는 **자기 전체**를 의미한다. **내담자**(p.114)은 자신의 마음의 구멍이 무엇인지를 깨닫고 그것을 메워서 **게슈탈트**의 완성을 목표로 한다. **게슈탈트 치료**에는 꿈속의 인물이나 사물을 연기함으로써 자신의 본심을 자각하는 것을 지향하는 드림 워크와 실제로 그 자리에 없는 사람과 대화하는 엠티 체어(empty chair) 등의 **롤플레잉**이 있다.

엠티 체어의 예

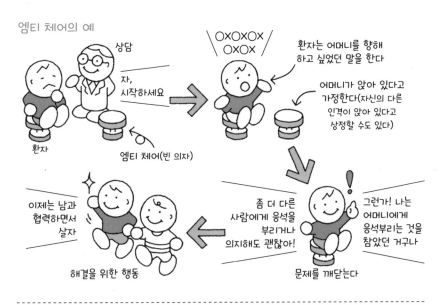

드림 워크의 예

자기개념

의 미	개인이 생각하는 자신의 이미지
문 헌	〈상담 및 심리치료〉(로저스)
메 모	자신의 이미지에 맞지 않는 경험을 받아들일 수 없는 상태를 자기 인식의 왜곡 (p.128)이라고 로저스는 불렀다

로저스
P025

사람은 누구나 '부끄럼을 탄다'. '나는 대범하다'와 같이 '나는 이런 사람이다'라는 **개념(이미지)**을 갖고 있다. 자신의 자신에 대한 개념을 자기개념이라고 한다.

로저스는 자기개념과 경험이 일치하지 않으면 스트레스가 된다고 생각했다

신경증이나 심적 스트레스의 원인은 **자기개념**과 실제 **경험의 불일치**에 있다고 **로저스**는 생각했다. 여기서 말하는 **경험**이란 슬프다거나 기쁘다거나 끊임없이 변화하는 주관적인 감정과 감각을 말한다. 예를 들어, 자신이 용감하다는 **자기개념**을 가진 사람이 밤길을 '무섭다'라고 느끼면 **자기개념**과 **경험**에 위화감이 생겨 스트레스가 생긴다(심리적 부적응 상태, p.128).

반대로 **자기개념**과 **경험**이 일치할수록 마음의 스트레스는 적다고 로저스 생각한다.

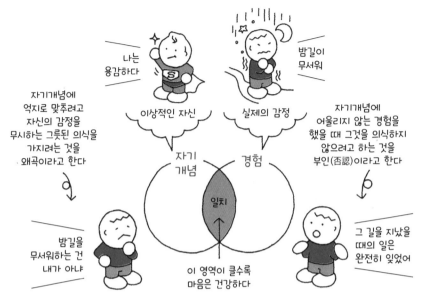

문제를 안고 있는 **내담자**(p.114)의 **자기개념**은 '자신은 이렇지 않으면 안 된다'는 믿음에 단단히 고정되어 있어 유연하게 살 수 없다고 **로저스**는 생각했다. 생동감 있게 살기 위해서는 **자기개념**을 유연하게 해서 있는 그대로의 **경험**을 받아들일 수 있는 영역을 크게 유지하는 것이 중요하다.

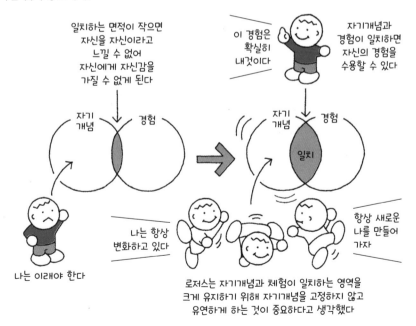

로저스 P025	# 인간 중심 치료
	의 미 내담자의 생각을 긍정하면서 문제 해결의 답을 찾아가는, 로저스가 창시한 심리치료
	문 헌 〈인간 중심 치료〉(로저스)
	메 모 이 치료는 초기에는 비지시적 치료라고 불렸다

로저스는 심적 스트레스의 원인은 **자기개념**과 실제 **경험**의 **불일치**에 있다고 생각했다(자기개념, p.126). 이 불일치, 즉 자기 인지 왜곡이 있는 상태를 **심리적 부적응 상태**라고 한다. 심리적 부적응 상태에 있으면 자신이 자신이 아닌 것처럼 느껴지기도 해서 자신에게 자신감을 가질 수 없다.

하지만 사람은 항상 성장하는 **유기체**이다. 따라서 사람은 **자기 인지 왜곡**을 치유하고 자기 실현(**자신의 개성을 발휘**)을 하려고 하는 기능이 갖춰져 있다고 **로저스**는 주장한다(자기실현 경향). 이 힘을 도와주는 심리치료가 인간 중심 치료이다. **인간 중심 치료**는 마음의 문제는 **내담자**(p.114) 자신밖에 고칠 수 없다는 생각에 근거하고 있다.

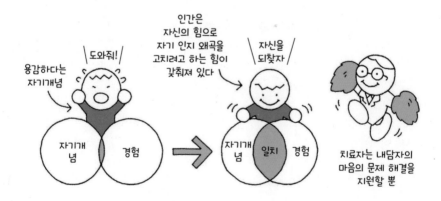

인간 중심 치료에서 치료자는 내담자에게 이래라 저래라 지시하는 것이 아니라 내담자가 스스로 문제를 해결해나갈 수 있도록 지원에 최선을 다한다. 이를 위해 치료자는 내담자의 상태나 행동을 무조건 긍정적으로 받아들이고(무조건적 긍정적 배려), 내담자의 주관을 자신의 일처럼 느낄 수 있어야 한다(공감적 이해).

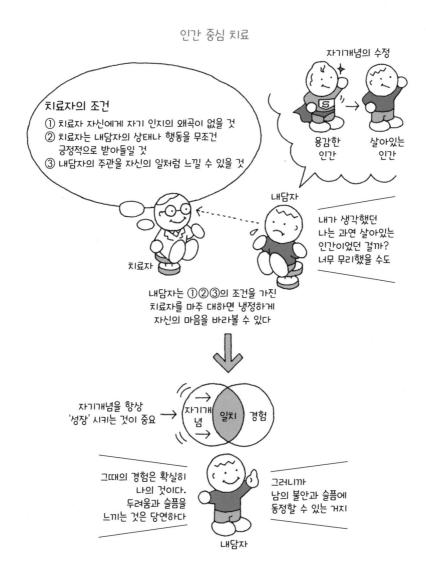

인간 중심 치료

치료자의 조건
① 치료자 자신에게 자기 인지의 왜곡이 없을 것
② 치료자는 내담자의 상태나 행동을 무조건 긍정적으로 받아들일 것
③ 내담자의 주관을 자신의 일처럼 느낄 수 있을 것

자기개념의 수정

용감한 인간 → 살아있는 인간

내담자

치료자

내가 생각했던 나는 과연 살아있는 인간이었던 걸까? 너무 무리했을 수도

내담자는 ①②③의 조건을 가진 치료자를 마주 대하면 냉정하게 자신의 마음을 바라볼 수 있다

자기개념을 항상 '성장' 시키는 것이 중요 →

자기개념 / 일치 / 경험

그때의 경험은 확실히 나의 것이다. 두려움과 슬픔을 느끼는 것은 당연하다

그러니까 남의 불안과 슬픔에 동정할 수 있는 거지

내담자

이러한 치료자를 마주 대하면 내담자는 자신의 마음을 냉정하게 바라볼 수 있다. 결국 내담자은 유연한 자기개념을 되찾고 즐겁다, 슬프다와 같은 경험(감정)을 의심 없이 자신의 것이라고 생각할 수 있게 된다.

충분히 기능하는 인간 fully functioning person

의 미   이상적인 인간상의 이미지
문 헌   〈인간 중심 치료〉(로저스)
메 모   여기서 말하는 기능은 인간이 미리 갖고 있는, 자신의 개성을 발휘(자기 실현)하
려고 하는 기능을 말한다(자기 실현 경향, p.128)

로저스
P025

로저스는 사람들이 지향해야 할 인간상을 충분히 기능하는 인간이라고 했다. **충분히 기능하는 인간**은 **자기개념**(p.126)을 고정하지 않고 있는 그대로의 경험을 수용하면서 타인을 신뢰하고 주체적으로 사는 사람을 말한다('충분히 기능한다'라는 것은 '제대로 기능한다'라는 의미).

로저스는 **충분히 기능하는 인간**을 완성된 정적 인간이 아니라 항상 새로운 상황에 대응해 나가려는 동적 인간으로 파악했다.

로저스
P025

인카운터 그룹 encounter group

의	미	인간관계의 이해를 위한 그룹 치료
문	헌	〈인카운터 그룹〉(로저스)
메	모	인카운터(만남) 그룹은 로저스가 개발하고 레빈(p.023)이 발전시켰다

비일상적인 상황을
만드는 것이 중요하다

나이, 직업, 성별이 다른 참가자들이
그룹을 만든다
(며칠간 합숙하는 경우도 있다)

기획자(발기인)가
대화를 지켜본다

인카운터 그룹

그룹에서 나누는 대화에는
어떤 주제도 없고 목적도 없다.
또한 개인의 역할도 없는 가운데
자유롭게 속마음을 이야기한다

자신의 역할과 행동의 목적이
없기 때문에 처음에는 당황하지만,
오히려 자신은 누구인가를
생각할 수밖에 없다

참가자
한 사람
한 사람이
성장한다

자신을 새삼 이해하고
또한 남을 이해할 수 있게 된다

만년의 **로저스**는 **인간 중심 치료**(p.128)의 개념을 인카운터 그룹이라는 **그룹 치료**에 응용했다. 여기에서는 일반인 참가자가 그룹을 만들고, 어떤 테마도 준비하지 않은 가운데 자신의 느낀 점을 진심을 담아 이야기한다. 이를 통해 참가자가 자신과 타인에 대한 이해를 깊이 하고 성장해가는 것을 목표로 한다.

ABC 이론

엘리스
P029

의 미   사건(A)에 대한 생각(B)이 고민이라는 결과(C)를 만들어낸다는 이론. 또한 내담자(클라이언트)와 치료자(카운슬러)의 토론(D)에 의해서 효과(E)을 얻는다고 해서 훗날 엘리스는 ABCDE 이론이라고 불렀다

문 헌   〈합리정서행동치료〉(엘리스)

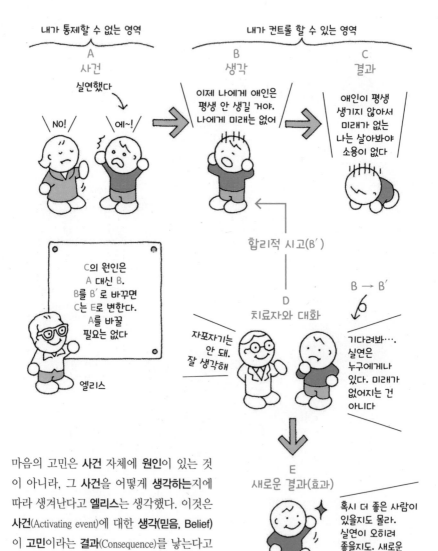

마음의 고민은 **사건** 자체에 **원인**이 있는 것이 아니라, 그 **사건**을 어떻게 **생각하는지**에 따라 생겨난다고 **엘리스**는 생각했다. 이것은 **사건**(Activating event)에 대한 **생각(믿음, Belief)**이 **고민**이라는 **결과**(Consequence)를 낳는다고 해서 ABC 이론이라고 불린다.

합리정서행동치료

의　미　생각을 바꿈으로써 고민을 해소하는 심리치료. 또한 고민의 원인이 되는 불합리한 생각이 비합리적 믿음, 고민을 해소하는 합리적인 생각이 합리적 믿음

메　모　정신 분석(p.104)은 심리치료로 효과가 없다고 엘리스는 생각했다

엘리스
P029

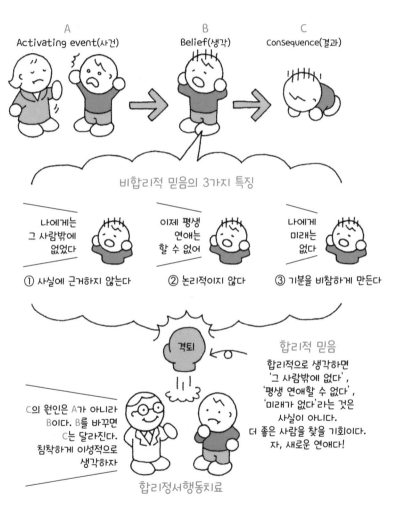

A
Activating event(사건)

B
Belief(생각)

C
Consequence(결과)

비합리적 믿음의 3가지 특징

나에게는
그 사람밖에
없었다

이제 평생
연애는
할 수 없어

나에게
미래는
없다

① 사실에 근거하지 않는다　② 논리적이지 않다　③ 기분을 비참하게 만든다

격퇴

C의 원인은 A가 아니라
B이다. B를 바꾸면
C는 달라진다.
침착하게 이성적으로
생각하자

합리적 믿음

합리적으로 생각하면
'그 사람밖에 없다',
'평생 연애할 수 없다',
'미래가 없다'라는 것은
사실이 아니다.
더 좋은 사람을 찾을 기회이다.
자, 새로운 연애다!

합리정서행동치료

ABC 이론(p.132)의 **생각(믿음)**에는 비합리적인 믿음(**불합리한 생각**)과 합리적 믿음(**합리적인 생각**) 2가지가 있다. 환자에게 ABC 이론을 이해시키고 **비합리적 믿음**을 **합리적 믿음**으로 바꿈으로써 고민을 해소하는 **엘리스**의 **심리치료법**(p.114)을 합리정서행동치료(REBT, Rational Emotive Behavior Therapy)라고 한다.

인지치료

의 미	주로 우울증 환자의 현상 인지를 상담을 통해 수정하고, 환자의 생각과 행동을 개선시키는 심리치료
문 헌	〈인지치료-정신치료의 새로운 발전〉(벡)
메 모	벡은 주관적인 정신분석과 결별하고 객관성을 추구했다

벡
P031

임상심리학자인 **엘리스**(p.029)는 **프로이트**(p.018)가 제창한 **정신분석**(p.104)은 **심리치료**(p.114)에 효과가 없다고 생각하고 **합리정서행동치료**(p.133)를 제창했다. 이 합리정서행동치료를 일시적인 기분의 침체보다 증상이 무거운 **우울증** 치료에 도입한 것이 **정신과의사 벡**이다.

벡은 우울증 환자가 사물의 비관적인 측면에만 눈을 돌리는 버릇이 있다는(자동사고) 점에 주목한다. 환자 특유의 이러한 인지 왜곡을 **상담**(p.114)을 거듭하면서 해결하려고 하는 **심리치료**를 인지치료라고 한다.

나중에 벡은 **인지치료**에 **행동치료**(p.114)의 요소를 도입한다. 이렇게 태어난 **인지행동치료**
는 오늘날 우울증과 **공황장애**에 가장 효과가 있는 **심리치료**의 하나가 되고 있다.

인지심리학

인지심리학

의 미	인지란 대상을 주관적으로 보고 판단하거나 해석하는 것
문 헌	〈심리학의 인식-밀러의 심리학 입문〉(밀러)
메 모	행동주의(p.072)가 물리적 자극은 누구에게나 동일하다고 주장하는 반면 인지심리학은 같은 자극이라도 사람마다 견해와 받아들이는 방법이 다르다고 한다

밀러 등
P031

인간의 모든 행동은 **자극(S)**에 대한 **반응(R)**인 **반사적 행동**에 지나지 않는다는 것이 **행동주의**(p.072)의 입장이었다(S-R 이론, p.073). 그러나 훗날 **신행동주의**는 행동주의의 한계를 깨닫고 S와 R 사이에 **인지**인 O를 추가했다(S-O-R 이론, p.077).

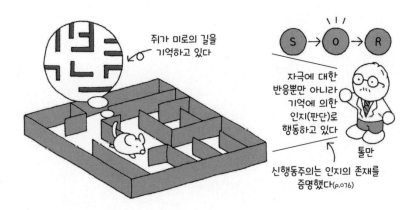

쥐가 미로의 길을 기억하고 있다

S → O → R

자극에 대한 반응뿐만 아니라 기억에 의한 인지(판단)로 행동하고 있다

톨만

신행동주의는 인지의 존재를 증명했다(p.076)

또한 **게슈탈트 심리학**(p.082)은 **통찰학습**(p.089)의 실험을 통해 동물은 **사고**에 의한 **인지**(판단)도 있음을 밝혀냈다.

판단, 생각

침팬지는 분명히 생각하고 있다

쾰러

게슈탈트 심리학도 인지의 존재를 증명했다(p.089)

침팬지는 시행착오(자극과 반응의 반복)가 아닌 사고에 의한 인지(판단)로 바나나를 획득했다

이후 컴퓨터의 개발이 붐을 이룬다. 그러자 인간 특유의 **지각, 기억, 사고** 등을 컴퓨터의 정보 처리 시스템을 적용시켜 마음의 구조를 이해하려는 학문이 탄생한다. 이러한 심리학을 인지심리학이라고 한다.

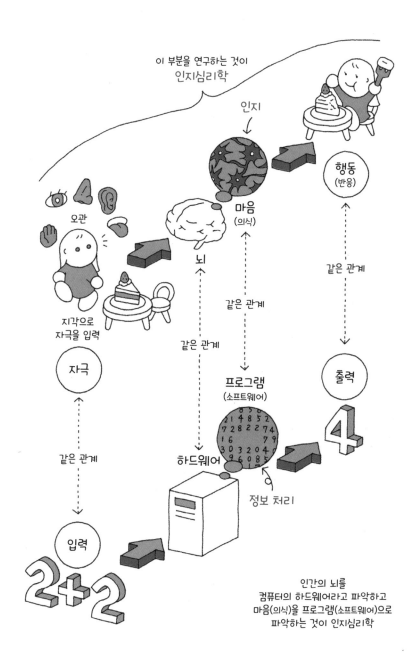

이 부분을 연구하는 것이
인지심리학

인지

마음
(의식)

행동
(반응)

오관

뇌

같은 관계

지각으로
자극을 입력

같은 관계

자극

같은 관계

프로그램
(소프트웨어)

출력

같은 관계

하드웨어

정보 처리

입력

인간의 뇌를
컴퓨터의 하드웨어라고 파악하고
마음(의식)을 프로그램(소프트웨어)으로
파악하는 것이 인지심리학

단기기억 | 장기기억

의 미	수초에서 수십 초 정도에 사라지는 기억이 단기기억. 유지되는 시간이 긴 기억(몇 분~몇 년에 걸친 기억)이 장기기억
메 모	리허설은 단기기억을 장기기억으로 전송하는 반복과 연관 등의 행위를 가리킨다

밀러
P031

기억 연구는 **인지심리학**의 주요 테마이다. **기억**은 경험한 것을 저장하고 그것을 나중에 재현하는 마음의 기능을 말한다. 5관(五官, 5개의 감각기관)에서 들어온 방대한 정보는 먼저 감각기억에 저장되지만, 1초 이내에 대부분이 사라진다. 그 후, 자신에게 중요하다고 생각하는 정보만 단기기억이라는 저장고로 이동하지만, 이것도 몇 초에서 수십 초에 대부분이 사라진다.

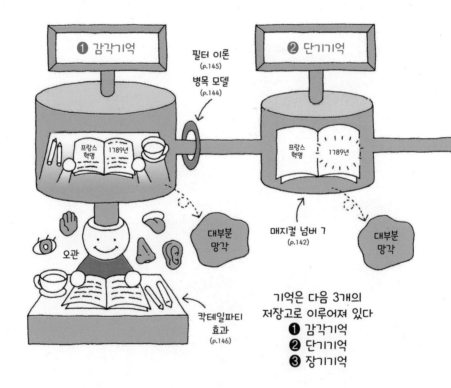

그러나 **단기기억**에 들어간 정보 중 인상적이거나 리허설(복창)이 이루어진 것은 장기기억이라는 마지막 저장고로 전송된다. 이 저장고에서는 방대한 정보를 반영구적으로 저장할수 있다.

장기기억의 저장고에 들어간 기억은 장기간 그곳에 머물며 필요에 따라 꺼내진다. **장기기억** 중 자전거 타는 법이나 가위 사용 등 몸이 기억하는 기억을 **절차기억**(p.147), 사물에 대한 지식과 개인적인 추억 등 언어와 이미지로 형용할 수 있는 기억을 **서술기억**(p.147)이라고 한다.

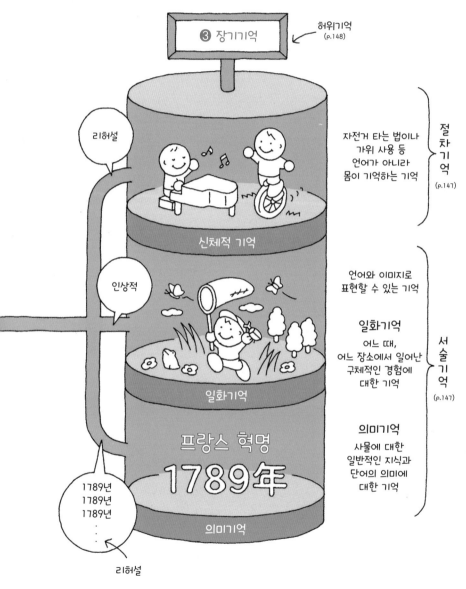

기억의 양이 많으면 인생이 풍부해진다고 한다. 만약 그렇다면 가능한 한 많은 경험을 기억하는 것이 효과적이라고 할 수 있다.

밀러
P031

매지컬 넘버 7

의 미 　인간이 일시적으로 저장할 수 있는 정보량을 7±2개(chunk, 묶음)라고 보는 설

문 헌 　〈심리학의 인식-밀러의 심리학 입문〉(밀러)

메 모 　최근의 연구에서는 매지컬 넘버 4±1설이 유력하다

매지컬 넘버 7의 7은
7묶음(p.143)을 가리킨다.
묶음(chunk)은
인간이 기억할 때
'정보의 집합'으로
취급할 수 있는
심리학적인 단위

내 전화번호는
1·2·3·3·2·1·9·1·1·4·7
이야

음음…

11청크

1·2·3·3·2·1·9·1·1·4·7

한꺼번에 7청크까지 밖에
기억하지 못한다

이렇게 많은
숫자는
기억하지 못한다

3청크

(123) (3219) (1147)

숫자를 3개씩 구분하면
3묶음이 되어 기억할 수 있다

3개로 정리하면
쉽게 기억할 수
있다

기억의 저장고는 **감각기억**, **단기기억**, **장기기억**의 3가지가 있다. 이 중 **장기기억**은 저장 기간과 용량이 방대한 반면, **단기기억**은 저장 기간과 용량에 한계가 있다(p.140). 밀러는 **단기기억의 용량**은, 예를 들어 숫자라면 **7(±2)개**라고 주장하고 이를 매지컬 넘버 7이라고 했다.

	청크 chunk
의 미	정보의 묶음으로 기억할 수 있는 단위를 말한다
문 헌	〈심리학의 인식-밀러의 심리학 입문〉(밀러)
밀러 P031	메 모 A라는 알파벳의 한 문자도, PSYCHOLOGY라는 영단어도 하나의 묶음으로 인식하면 1청크가 된다

1청크

APPLELEMONAPRICOT

한 번에 17문자는 외울 수 없다

리허설(p.140)에 의해 (APRICOT)라고 하나로 통합한다

는 APPLE, APPLE…   는 LEMON, LEMON…   는 APRICOT, APRICOT…

17청크가 리허설에 의해 3청크가 된다. 7청크까지 늘릴 수 있다고 생각하면 좀 더 쉽게 외울 수 있다

(APPLE) (LEMON) (APRICOT)

3청크면 외울 수 있다

매지컬 넘버 7(p.142)의 7은 7청크를 가리킨다. 청크는 인간이 기억할 때 정보의 묶음으로 취급할 수 있는 심리학적인 단위를 말한다. A·P·P·L·E라고 알파벳 다섯 글자로 인식하면 5청크가 되지만, APPLE이라고 하나의 묶음으로 인식하면 1청크가 된다. 청크를 잘 이용하면 저장 용량을 늘릴 수 있다.

병목 모델

의 미	인간의 뇌에 여러 정보를 취사 선택하는 병목(보틀넥)이 있다고 가정하는 것
문 헌	〈지각과 커뮤니케이션〉(브로드벤트)
메 모	병목은 감각기억(p.140)과 단기기억(p.140) 사이에 있다

브로드
P034

조종사는 비행기를 조종하면서 헤드폰으로 지시를 듣고 계기판을 보기도 하는 등 다양한 정보를 한 번에 처리하는 것처럼 보인다. 그런데 전 공군 조종사였던 **브로드벤트**는 인간은 동시에 2가지 일을 처리할 수 없다고 주장했다. 그는 인간의 뇌에는 정보를 취사 선택하는 병목(보틀넥)이 있다고 가정했다(병목 모델).

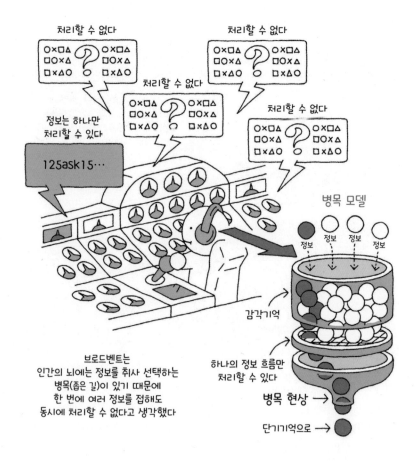

필터 이론

<table>
<tr><td>의 미</td><td>여러 정보 중 인식할 수 있는 것은 주목한 정보뿐이라는 설</td></tr>
<tr><td>메 모</td><td>정보 중 어느 것이 중요한지를 선택하고 주목하는 마음의 작용을 선택적주의라
고 부른다</td></tr>
</table>

브로드벤트
P034

눈이나 귀 등으로부터 받은 정보는 뇌의 **필터**를 통과한 것만 인지된다는 설을 필터 이론
이라고 한다. 필터는 여러 개 있으며 주목을 하면 특정 필터가 선택된다. 그리고 선택된
필터를 통과한 정보의 흐름만 **병목**(p.144)에 보내져 처리된다.

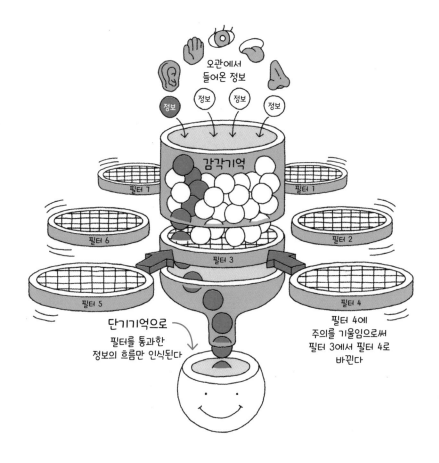

칵테일파티 효과

의　미	주변에 잡음이 있어도 자신에게 중요한 정보만을 판별해서 알아들을 수 있는 현상을 말한다
문　헌	〈인간의 커뮤니케이션에 대해〉(체리)
메　모	필터 이론(p.145)에 의한 현상으로, 선택적주의(p.145)의 대표적인 예

체리
P029

칵테일파티 효과

중요한 이야기가 들리면
B씨로부터 C씨에게 시선이 향한다

A씨가…
○×○×

C씨

응?

응응

A씨

이렇대,
저렇대

B씨

B씨의 목소리를
듣는 필터

← B씨의 목소리
← 감각기억

C씨의 목소리를
듣는 필터

D씨의 목소리를
듣는 필터

단기기억으로

마스킹 효과

B씨의 목소리보다 큰
D씨의 목소리는
B씨의 목소리를 덮어버린다

이렇대,
저렇대

D씨

파티에서는 특정 목소리 톤에 주파수를 맞추고 있기 때문에
다른 소리는 들리지 않는다.
그런데 자신에게 중요한 이야기가 들리거나
큰 소리가 들리면 인지 필터가 자동 전환한다

다양한 대화가 오가는 파티에서 우리는 하나의 목소리 톤에 주파수를 맞추어 하나의 대화만 듣고 있다. 그런데 다른 대화 속에서 자신에게 중요한 말이 들리면 자동으로(무의식적으로) 그쪽에 주의가 가는 것을 알 수 있다. 칵테일파티 효과라 불리는 이 사실은 **필터이론**(p.145)을 뒷받침한다. 그러나 주의를 기울인 소리보다 훨씬 큰 소리는 주의를 기울인 소리를 덮어버릴 수도 있다(마스킹 효과).

146

절차기억 | 서술기억

의 미	방식(기술)에 대한 신체가 기억하는 기억이 절차기억. 언어와 이미지로 형용할 수 있는 기억이 서술기억
문 헌	〈툴빙의 기억이론-일화기억의 요소〉(툴빙)
메 모	서술기억에는 일화기억과 의미기억이 있다

툴빙
P034

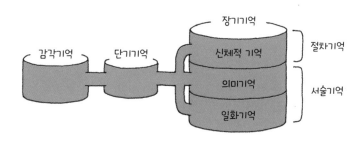

장기기억(p.140)의 **저장고**에 들어간 기억은 장기간 그곳에 머물며 필요에 따라 검색된다. 장기기억 중 자전거 타는 법이나 가위 사용 등 몸이 기억하는 기억을 절차기억, 사물에 대한 지식(의미기억)과 개인적인 기억(일화기억) 등 언어나 이미지로 형언할 수 있는 기억을 서술기억이라고 한다.

절차기억

자전거 타는 법이나
가위 사용 등
언어가 아니라
몸이 기억하는 기억

기술,
기법 등

외발자전거 타는 법

피아노 치는 법

서술기억

언어와 이미지로 형용할 수 있는 기억

의미기억

사실이나 지식 등
사물에 대한
일반적인 지식과
단어의 의미에
대한 기억

이것은
외발자전거다

프랑스혁명은
1789년이다

일화기억

개인의 추억 등 어느 때,
어느 장소에서 일어난
구체적인 경험에 대한 기억

곤충 채집은 즐거웠다

그때의 하늘은
파랬다

허위기억

의 미	실제로 일어나지 않은 사건이 사실로 기억되는 것	
문 헌	〈증인〉(로프터스)	
메 모	허위기억의 예는 장기기억의 모호함을 말해준다	

로프터스
P038

장기기억(p.140)의 모두가 사실은 아니다. **로프터스**는 무고죄의 대부분은 목격자의 잘못된 기억으로 인해 발생한다는 점에 주목했다. 실제로 일어나지 않은 사건이 사실로 기억되어버리는 것을 허위기억(과실기억)이라고 한다. **허위기억**은 그런 경험, 감정, 생각 또는 유도 심문 등에 의해 쉽게 형성된다.

차가 부딪히는 영상을
피험자에게 보여준다

어느 정도의 속도로
2대의 차량이
격돌
했습니까?

어느 정도의 속도로
2대의 차량이
추돌
했습니까?

허위기억이
형성되는 예 ②
질문의 방법에 따라
기억이 변화한다

B 피험자 그룹에는
'격돌했습니까' 라고 묻는다

A 피험자 그룹은
'추돌했습니까' 라고 묻자

시속 65킬로 정도에
부딪혔습니다

시속 50킬로 정도에
부딪혔습니다

깨졌습니다

유리는
깨졌나요?

유리는
깨졌나요?

깨지지
않았습니다

허위기억의 형성

'유리는 깨졌습니까?'라는 질문에
피험자는 실제로 깨지지 않았는데
'깨졌다'라고 대답

허위기억은 형성되지 않는다

'유리는 깨졌습니까?'라는 질문에
피험자는 '깨지지 않았습니다'라고
정확하게 답변했다

쇼핑몰 미아

의 미	'쇼핑몰에서 미아가 됐다'는 허위기억을 심어주는 실험
문 헌	〈억압된 기억의 신화〉(로프터스)
메 모	이 실험은 기억을 인위적으로 조작할 수 있음을 증명했다

로프터스
P038

로프터스는 유아기에 부모에게 학대받았다고 호소하는 사람의 기억 속에 **허위기억**(p.148)이 포함되어 있을 수 있다고 생각했다.

그것을 증명하기 위해 **로프터스**는 피험자에게 **허위기억**을 의도적으로 심어주는 쇼핑몰 미아라는 실험을 시도했다. 이 실험은 사람의 기억이 얼마나 모호한지를 제시했다.

쇼핑몰 미아

이어서

너의 어린 시절 에피소드야

A군

A군에게 에피소드를 읽게 한다

① 곰을 만났다
② 바다에서 익사할 뻔 했다
③ 쇼핑몰에서 미아가 됐다

허위기억

그립구나~

A군은 '쇼핑몰에서 미아가 된' 것을 사실로 기억했다

기억은 그 후의 경험, 생각과 감정, 그리고 유도 심문 등에 의해 왜곡될 수 있다. 이 사실은 사건의 목격 증언 신뢰성에 큰 의문을 제기했다.

#1 #2 #3 #4 #5

음-

저 사람이 범인입니다

기억의 7가지 오류

의 미	기억의 오류 내용을 7가지로 나눈 것
문 헌	〈기억의 7가지 죄악〉(쉑터)
메 모	일화기억과 관계가 깊은 건망증은 시간이 지나면서 기억이 희미해지는 것과 기억 자체가 불완전한 것이 원인이다

쉑터
P039

우리는 경험한 것을 정확하게 기억하는 것을 요구하지는 않는다고 **쉑터**는 생각한다. 기억의 기능이 너무 정확하다면, 정보량이 너무 많아 압도당해 혼란에 빠지기 때문이다. 우리의 기억 시스템은 제대로 작동하기 위해 '잘 잊는' 등 복잡한 기능을 한다. 복잡한 기능의 대가로 **건망증, 방해** 등 기억의 7가지 오류가 우리를 괴롭힌다.

3년 전 송년회 어디서 했더라

❶ 건망증
오래된 기억은 시간이 지나면서 희미해지는 일이 있다

잊는다

핸드백 역에 두고 왔다!

❷ 부주의
뭔가에 정신이 팔려 있으면 깜빡 하는 일이 있다

누구였지? 오랜만!

❸ 방해
다른 기억이 방해해서 목구멍까지 나왔는데 생각나지 않을 때가 있다

스키마 Schema

의　미	경험을 바탕으로 형성된 신념과 세계관
문　헌	〈회상〉(바틀렛)
메　모	집단이나 민족이 공유하는 세계관, 스테레오타입이나 편견도 스키마라고 할 수 있다. 한편 스키마란 틀(도식)이라는 의미이다

바틀렛
P022

전언 게임의 과정에서 정보가 변화하는 것은 잘 알려져 있다. **바틀렛**은 이러한 정보의 변화는 개인의 과거 경험이 관여하고 있다는 것을 발견하고, 이를 스키마(schema)라고 명명했다.

첫 번째 그림은 올빼미
(이집트 상형 문자)

이 그림을
외워서
그려주세요

①

흠흠-

이 그림을
외워서
그려주세요

②

②

쓱싹쓱싹

다음 페이지로

흠흠-

쓱싹쓱싹

바틀렛의 스키마 실험
바틀렛은 릴레이 형식으로 그림이나 문장을
다음 사람에게 전달하는 실험을 하여
전달 과정에서 정보의 단순화 및 합리화 등의 변화가
발생하는 것에 주목했다

인간의 기억과 인식은 정확하지 않고 다분히 **스키마**에 좌우된다는 것이다.

인지편향

의 미	사람들이 빠지기 쉬운 생각의 오류(편향)
문 헌	〈생각에 관한 생각〉(카너먼) 등
메 모	자신은 이성적으로 판단하고 있다고 생각해도 인지편향에 의해 그 판단에 편견이 있는 경우가 많다

카너먼 등
P036

스스로는 논리적인 판단을 하고 있다고 생각해도 실은 논리적이지 않을 수 있다. 논리적으로 생각하는 추론의 대부분은 개인적인 믿음에서 생겨나기 때문다. **카너먼** 등은 사람들이 빠지기 쉬운 생각의 오류를 인지편향(바이어스)이라고 불렀다.

머리 자를까…
역시 관두자

**다양한
인지편향**

현상 유지 편향

변화를 통해 얻는 것보다
잃는 것이 더 크다고 생각한다

지금 그만두면
지금까지의 노력이
물거품이 된다

콩코드 효과

그만두는 편이 좋다는 걸 알아도
지금까지의 비용이 아까워서 지속하고 만다

정답은
A이야

그렇구나!

편승효과

많은 사람들이 옳다고 생각하는 것을
옳다고 판단해버린다

덜렁이!

이런 곳에
놓여 있는 것이
잘못됐다!

행위자 관찰자 편향

타인의 행동은 그 사람의 성격에 의하는 것으로 생각하고
자신의 행동은 상황에 따라 생각해 버린다

좋은 그림을
그렸다!
나는 천재다

실패했다!
이런 도구로는
그릴 수 없다

자기 고양적 편향

성공은 자신의 역량에 의한 것이고
실패는 환경의 탓이라고 생각한다

예상했던 일이
벌어지고 말았다!

사후 확신 편향

상황이 일어난 뒤, 이렇게 될 줄
처음부터 알고 있었다고 생각한다

첫 번째
정보

언제나
1000원이지만

오늘은
800원!

싸다!

앵커 효과

첫 번째 정보를
가장 중요하게 여기고 판단한다

요전에는
빨간색이었으니
오늘은 검은색이다

도박사의 오류

어떤 확률은 과거의 사건에 의해
바뀐다고 생각한다

좋은 일
생기게 해줘요

100원 발견했다!
신께 부탁했기
때문이다!

전후 즉 인과의 오류(상관관계와 인과관계)

단순한 전후관계를
인과관계라고 착각한다

컵에 물이
반밖에 없다

컵에 물이
아직 반이나 있다

프레이밍 효과

내용은 동일하지만 긍정적으로
표현하냐 부정적으로 표현하냐에 따라
인상이 바뀐다

흔들흔들

괜찮아
이 정도는
자주 있는
일이야

흔들흔들

흔들
흔들

정상성 편향

이상 상황을
정상의 범위라고 생각한다

내가 여행 계획을
세우면 반드시
비가 온다

착오상관

인과관계가 없는데
있다고 착각한다

나랑 가위바위보를
해서 이기면
200만 원 드립니다.
가위바위보를
하지 않으면
무조건 100만 원
드립니다

도전하지
않겠습니다.
그러면
100% 확률로
100만 원을
얻을 수 있다

도전하겠습니다.
그렇지 않으면
100% 확률로
100만 원
손실이다

빚이 없는
사람

전망이론

이익을 얻을 수 있을 것 같은 상황에서는
위험을 회피하고, 손해 볼 것 같은 상황에서는
손실 자체를 피하려고 한다

빚이 200만 원
있는 사람

기타,
자기 표적 편향(p.189),
자기중심성 편향(p.188)
후광효과(p.192),
인지부조화(p.194),
바넘(포러)효과(p.286),
확증 편향(p.287) 등도
인지편향으로 꼽힌다

발달심리학

인지발달이론

의 미	아이의 인지 능력 발달을 4단계로 나누어 생각하는 설
문 헌	〈지능심리학〉(피아제)
메 모	피아제는 인지(대상이 무엇인지를 이해하는 것)가 제대로 작동하는 것을 조작이라고 불렀다

피아제
P024

제1단계 : 감각운동기
(0~2세 무렵)
보이는 것이나 만지는 것을 통해
외계에 적응하는 시기

옹알옹알

인식할 수 없는 것은
없는 것으로 여긴다

제2단계 : 전조작기
(2~6세 무렵)
언어를 이용하여 사물을 생각하게 되는 시기.
자기중심성(p.162)이 태어나는 시기

2개니까
이쪽이
더 많다

보이지 않는 것을
떠올릴 수 있다

보존 개념(p.163)은
아직 없다

이건
내꺼!

이건
내꺼!

자기중심성이
생긴다

무생물에도 생명이 있다고
생각한다(애니미즘)

태양에 얼굴을 그리는 등
사물을 파악하는 방법은
직관적이다

피아제는 **어린이의 사고**(인지 능력) 발달을 **4단계로 나누어 생각했다**(인지발달이론). 2세부터 6세 정도까지의 어린이는 자신만의 입장에서 사물을 보는 **자기중심성**(p.162)이 있다.

그런데 7세 정도가 되면 다른 사람의 입장에서 사물을 생각하게 되고, **자기중심성**에서 벗어난다. 그리고 객관적, 논리적, 추상적인 사고를 익힘으로써 어른이 돼간다.

제3단계 : 구체적인 조작기
(7~11세 무렵)
객관적이고 논리적으로
생각할 수 있게 되는 시기

물의 양은
같다

1ℓ

1ℓ

보존 개념이 생긴다
(보이는 것을 논리적으로
생각할 수 있다)

먼저 갖고
놀아도 돼

고마워

객관성이 생긴다

새의 종류

카테고리 분류가
가능하다

제4단계 : 형식적 조작기
(11세~)
추상적인 개념에서도
(보이지 않는 것이라도)
논리적으로 생각하게 되는 시기

Y는 X에 포함되어 있다.
만약 X가 존재하지 않는 경우
Y도 존재하지 않는다

만약 지구가
존재하지 않으면
나도 존재하지 않는다

X = 지구
Y = 나

피아제는 어린이의 사고는 성인과는
근본적으로 다르다고 생각한다. 그
래서 아이만의 세계관을 소중히 해
야 한다고 주장했다.

어린이는
작은 어른이
아니다
by 피아제

자기중심성	
의 미	자신 중심으로 보거나 생각하는 경향
문 헌	〈지능심리학〉(피아제)
메 모	전조작기의 아이에게서 볼 수 있는 특성으로 자기중심성 외에 무생물에도 생명이 있다고 생각 애니미즘을 볼 수 있다

피아제
P024

전조작기의 어린이는 자신과 타인을 명확하게 구별할 수 없기 때문에 다른 사람의 관점에서 사물을 생각할 수 없다. 따라서 이 시기의 아이는 자신의 입장에서만 보거나 생각하려고 한다. **피아제**는 이러한 경향을 자기중심성이라고 했다.

보존 개념

의 미	형태가 바뀌어도 본질은 변하지 않는다는 개념	
문 헌	〈발생적 인식론〉(피아제)	
메 모	일반적으로 보존 개념은 외형뿐만 아니라 논리적인 생각이 가능해지는 7세 정도 부터 익힌다	

피아제
P024

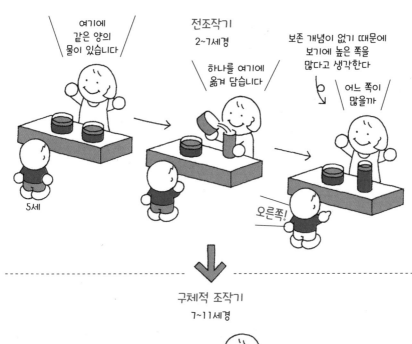

다른 형태의 용기에 같은 양의 물을 넣은 경우 외형은 변화하지만 양은 변하지 않는다. 보존 개념이 없는 **전조작기**(p.160)의 아이는 이것을 이해하지 못한다. 이것도 **자기중심성** (p.162)과 마찬가지로 **전조작기**에 보이는 특징적인 상태라고 **피아제**는 생각했다.

지능 2요인설

의 미	지능은 하나의 요소로 구성되어 있는 것이 아니라 여러 요인(지능의 원인이 될 수 있는 능력)으로 구성되어 있다는 설
메 모	관찰할 수 없는 지능의 연구에 '요인'이라는 개념을 처음 도입한 스피어먼은 통계 분석 방법이라는 요인 분석으로 2요인을 도출했다

스피어먼 등
P019

가능한 사람은 전부 할 수 있다. 못하는 사람은 전부 할 수 없다

수학 10점　국어 30점　영어 20점

수학 100점　국어 100점　영어 100점

스피어먼

스피어먼은 하나의 테스트에서 좋은 성적을 올린 어린이는 다른 시험에서도 좋은 성적을 올리는 경향이 있다는 점에 주목했다. 그리고 인간의 지능은 모든 교과에 공통되는 일반요인과 개별 교과에 해당하는 특수요인의 2가지 **요인**으로 이루어져 있다는 이론을 이끌어냈다. 이것을 2요인설이라고 한다.

※스피어먼은 데이터에서 인자를 추출하는 통계 분석 방법으로 요인 분석을 실시하여 2요인설을 이끌어냈다.

스피어먼의 2요인설

일반요인
(G요인)
유전에 의해
결정된다

국어 S　수학 S

음악 S　g　S

S

특수요인
(S요인)
경험에 의해
결정된다

지능은 교과별
특수요인(S)과
전 교과에 공통의
일반요인(G)의
2가지로 이루어진다

스피어먼

스피어먼의 등장으로 지능은 여러 **요인**으로 구성되어 있다고 하는 2요인설이 주류가 된다. 이후 정신이라고 생각했던 지능의 수수께끼를 **구조적**으로 해명하려는 연구가 발전했다.

그 후, **서스톤**(p.022)은 **요인 분석** 방법을 발전시켜 **일반요인의 존재를 부정**한다. 그리고 지능은 7개의 요소로 구성되어 있다고 하는 **다요인설**을 주장했다. 또한 **길퍼드**(p.024)는 **다인자설**을 체계화하여 **지능구조이론**을 제창했다. 또한 **카텔**(p.027)은 지능을 **유동성 지능**과 **결정성 지능**(p.167)로 분류했다.

서스톤의 다요인설

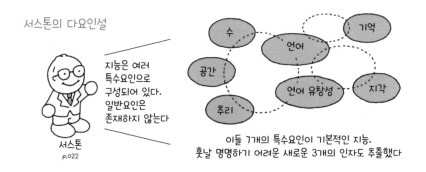

지능은 여러 특수요인으로 구성되어 있다. 일반요인은 존재하지 않는다

서스톤
p.022

이들 7개의 특수요인이 기본적인 지능. 훗날 명명하기 어려운 새로운 3개의 인자도 추출했다

길퍼드의 지능구조이론

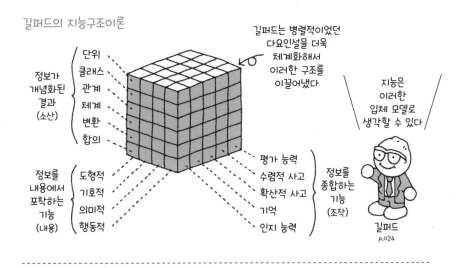

정보가 개념화된 결과 (소산)

단위
클래스
관계
체계
변환
합의

길퍼드는 병렬적이었던 다요인설을 더욱 체계화해서 이러한 구조를 이끌어냈다

지능은 이러한 입체 모델로 생각할 수 있다

정보를 내용에서 포착하는 기능 (내용)

도형적
기호적
의미적
행동적

평가 능력
수렴적 사고
확산적 사고
기억
인지 능력

정보를 종합하는 기능 (조작)

길퍼드
p.024

카텔의 유동성 지능과 결정성 지능

지능은 유동성 지능과 결정성 지능으로 분류할 수 있다

카텔
p.027

유동성 지능(p.167)

집중력, 계산력, 암기력

결정성 지능(p.167)

이해력, 자제력, 언어 능력

수렴적 사고 | 확산적 사고

의 미 기존의 정보에서 유추하여 하나의 정답에 도달하는 사고가 수렴적 사고. 기존의 정보에서 생각을 넓혀 새로운 아이디어를 창출하는 사고가 확산적 사고

문 헌 〈인간 지능의 본성〉(길퍼드)

길퍼드
P024

수렴적 사고

기존 정보에서 유추하여
하나의 정답에 도달하는 사고

문제

B군은 A군보다 키가 크다.
C군은 B군보다 키가 크고
D군보다 키가 작다.
ABCD를 키가 작은 순서대로
나열해라

ABCD
순이네

간단해
간단해

그러니까,
음

이러한 문제를 잘 푸는 사람은
편찻값이 높다

확산적 사고

기존 정보에서 생각을 넓혀
새로운 아이디어를 창출하는 사고

문제

유리컵을 어떤 용도로 사용할 수
있는지에 대해서 서술해라

그림의 모티브로 한다.
깨서 스트레스를
발산한다.
산산조각내서
유리 세공을 한다.
송사리 사육, 악기…

그러니까,
물을 마신다?

이러한 문제를 잘 푸는 사람은
창조성이 높다

사람의 사고는 수렴적 사고와 확산적 사고의 2가지로 분류할 수 있다고 **길퍼드**는 주장했다.
수렴적 사고는 **지능**(논리적으로 생각하는 능력, 계획을 세우는 능력, 언어 능력, 학습 능력 등)과
밀접한 관계가 있으며, **확산적 사고**는 **창조성**과 밀접한 관계가 있다고 그는 생각했다.

유동성 지능 | 결정성 지능

의 미	임기응변(적응력)에 대응하는 지능과 경험을 통해 얻은 지능
문 헌	〈지능〉(카텔)
메 모	카텔도 스피어먼, 서스톤, 길퍼드 등과 마찬가지로 요인 분석을 이용하여 지능의 요인을 연구했다

카텔
P027

유동성 지능
새로운 국면에 임기응변으로 대응하는 지능.
문화와 교육의 영향을 별로 받지 않는다.
나이가 들수록 쇠퇴한다

타닥타닥…

집중력
정보 처리 능력

암기력

추리 능력

떠올랐다

직감력

반사 능력
도형 처리 능력

결정성 지능
다양한 경험이 결정(結晶)된 지능.
문화와 교육의 영향을 강하게 받는다.
나이가 들수록 계속 상승한다

한 잔
하세요

감사합니다

커뮤니케이션 능력
사회 적응 능력

프랑스혁명은
언제?

1789년!

지식력

앞으로 세계는
이렇게 바뀐다

내성력
자제력

통찰력·비판력
언어 능력

사람의 지능에는 유동성 지능과 결정성 지능의 2가지 측면이 있다고 **카텔**은 주장했다. **유동성 지능**은 새로운 국면에 임기응변으로 대응하는 지능으로 나이가 들수록 쇠퇴한다. 반면 **결정성 지능**은 경험의 결과로 결정(結晶)된 지능으로 나이가 들수록 상승한다.

라이프사이클

의 미	사람이 태어나서 죽을 때까지 보이는 일정한 주기적인 발달 단계
문 헌	〈정체성과 라이프사이클〉(에릭슨)
메 모	에릭슨은 사람은 살아가는 동안 계속 발달한다고 생각했다

에릭슨
P026

일찍이 **프로이트**(p.018)는 **생리심리학**(심리적 기능과 생리적 기능의 관계를 연구하는 학문)적인 관점에서 사람이 성인이 될 때까지의 **발달**을 고찰했다(리비도, p.096). 그 후 **에릭슨**은 **프로이트의 발달 이론**에 인간관계와 **사회적 관점**을 도입하여 심리사회적 발달 이론을 개발했다.

나는 성적 욕구를 축으로 인간의 발달을 생각했다 (p.096)

프로이트
p.018

나는 인지를 축으로 인간의 발달을 생각했다

피아제
p.024

나는 인간관계를 축으로 한다

에릭슨
p.026

에릭슨은 인생을 **8단계**의 라이프사이클로 파악한다. 그리고 각 발달 단계의 발달 과제(사회적 위기)를 어떻게 극복하느냐에 따라 성격이 결정된다고 생각했다.

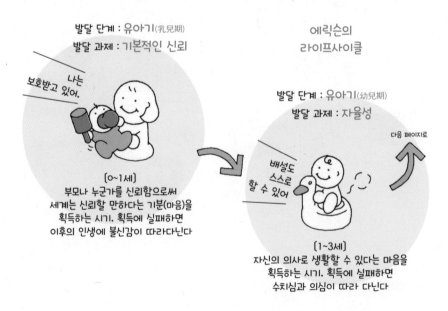

발달 단계 : 유아기(乳兒期)
발달 과제 : 기본적인 신뢰

에릭슨의
라이프사이클

나는 보호받고 있어.

발달 단계 : 유아기(幼兒期)
발달 과제 : 자율성

다음 페이지로

[0~1세]
부모나 누군가를 신뢰함으로써
세계는 신뢰할 만하다는 기분(마음)을
획득하는 시기. 획득에 실패하면
이후의 인생에 불신감이 따라다닌다

배설도 스스로 할 수 있어

[1~3세]
자신의 의사로 생활할 수 있다는 마음을
획득하는 시기. 획득에 실패하면
수치심과 의심이 따라 다닌다

발달 단계 : 아동기
발달 과제 : 자주성

[3~6세]
스스로 생각하고 행동하는 것을
배우는 시기. 실패하면
죄책감이 따라다닌다

발달 단계 : 학동기
발달 과제 : 근면성

[6~12세]
노력하면 할 수 있다는 마음을
획득하는 시기. 실패하면
열등감이 따라다닌다

발달 단계 : 청년기(사춘기)
발달 과제 : 정체성

[12세~20대 초반]
정체성(p.170)을 확립하는 시기(모라토리엄, p.172).
실패하면 정체성의 확산(p.171)이 생긴다

발달 단계 : 성인기
발달 과제 : 연대성

[20대 후반~30대 초반]
결혼하거나 직장에서 친밀감을 획득하는 시기.
실패하면 고독감이 따라다닌다

발달 단계 : 장년기
발달 과제 : 생성성

[30대 후반~ 60대 초반]
일과 육아의 시기.
실패하면 정체되어 버린다

발달 단계 : 노년기
발달 과제 : 통합성

자신의 인생을
모두 받아들였더니
새로운 세계가
보이기 시작했다

[60대 후반~]
지금까지의 인생을 되돌아보며
인생의 진정한 목표를 깨닫는 시기.
실패하면 우울과 절망을 맛본다

에릭슨은 각 단계에서 발달 과제를 극복하지 못
했다 하더라도 나중에 극복할 수 있다고 말했다.

	정체성	
의 미	'나는 이런 사람이다'라고 말할 수 있는 일정한 자신감을 말한다	
문 헌	〈정체성과 라이프사이클〉(에릭슨)	
메 모	아이덴티티(정체성)는 자아동일성, 주체성, 자기 확신 등으로 번역된다	

에릭슨 P026

에릭슨은 **청년기**(p.169)의 정체성 확립을 특히 중요하게 여겼다. **정체성**이란 '나는 이런 사람이다'라고 말할 수 있는 일정한 자신감을 말한다. 정체성의 확립에 의해 **청년기**가 끝나고 사회적 의무와 책임을 다하고자 하는 연대성이 형성되어 **성인기**(p.169)에 들어간다고 **에릭슨**은 생각했다.

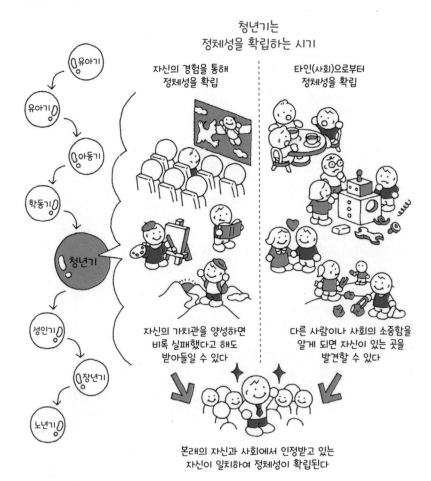

청년기는
정체성을 확립하는 시기

자신의 경험을 통해
정체성을 확립

타인(사회)으로부터
정체성을 확립

자신의 가치관을 양성하면
비록 실패했다고 해도
받아들일 수 있다

다른 사람이나 사회의 소중함을
알게 되면 자신이 있는 곳을
발견할 수 있다

본래의 자신과 사회에서 인정받고 있는
자신이 일치하여 정체성이 확립된다

정체성이 제대로 확립되지 않으면 자아가 혼란되어 정체성의 확산이 발생한다. 그렇게 되면 자신감을 잃어 희망이 사라지거나 자의식 과잉 상태에 빠질 수 있다. 다만 정체성의 확립은 청년기뿐 아니라 이후 인생의 어느 시기에도 할 수 있다고 에릭슨은 말한다.

정체성의 확산

정체성이 제대로 확립되지 않으면
정체성의 확산이 발생한다

모두 나를
주목하고 있다

고립

지나치게
응석부린다

자의식 과잉

남의 눈을 지나치게 의식한 나머지
자신이 정말 하고 싶은 것이
뭔지 모르게 된다

대인관계의 실조

타인과의 거리감을
알 수 없게 된다

지금이 즐거우면
그것으로 좋다

부정적인 정체성의 선택

사회로부터 부정당하고 있는
가치관이나 집단을 수용한다

시간적 전망의 확산

미래를 그릴 수 없게 된다

zzz...

비록 청년기에
정체성을 확립하지 못해도
이후의 인생에서도
가능하므로 괜찮다

근면성의 확산

일이나 공부가
손에 잡히지 않는다

에릭슨

171

모라토리엄

의 미	사회적인 의무와 책임에 대해 유예된 상태	
문 헌	〈정체성과 라이프사이클〉(에릭슨)	
메 모	'재해 시 등에 채무의 지불을 유예하는 기간'이라는 의미의 경제 용어가 어원	

에릭슨
P026

어엿한 사회인이 되기 위해서는 지식과 능력을 습득할 시간이 필요하다. 따라서 **청년기** (p.169)는 사회적 의무와 책임이 유예되어 있다. **에릭슨**은 **청년기**의 이러한 상태를 모라토리엄(유예기간)이라고 불렀다.

문명사회에서는 **모라토리엄** 기간을 길게 잡는 경향이 있다.

성인기 이후

결혼

청년기
모라토리엄

일

NOT OPEN YET

지금은 저쪽에 갈 준비 기간이다!

여행

연애

자원 봉사

공부
독서

언제까지 자고 있는 거야!

근대

옛날에는 어른의 심부름을 할 수 있으면 바로 어른에 합류했다

근대에 들어 교육기관이 정비되자 어느 정도의 나이까지는 보호받아야 한다는 발상이 생겨났다

현대는 모라토리엄을 길게 취할 수 있으므로 차분히 정체성을 확립할 수 있다

2차적 요인설

의　미　생리적 욕구(1차적 요인)를 어머니가 충족시켜주기 때문에 어머니의 애정을 추구하는 욕구(2차적 요인)가 생긴다는 설

메　모　이 설은 행동주의(p.072)의 조작적 조건형성(p.074) 이론이 기초가 되고 있다

시어즈
P028

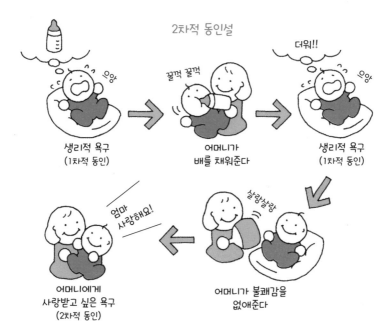

2차적 동인설

생리적 욕구
(1차적 동인)

어머니가
배를 채워준다

생리적 욕구
(1차적 동인)

어머니에게
사랑받고 싶은 욕구
(2차적 동인)

어머니가 불쾌감을
없애준다

왜 아이는 어머니(또는 어머니를 대신하는 인물)에게 사랑받고 싶어 하는 걸까? **시어즈**는 굶주림과 추위, 더위를 완화하고 싶은 유아의 **욕구**를 어머니(를 대신하는 인물)가 채워주기 때문에 유아는 어머니에게 사랑받고 싶어 한다고 생각했다. 이처럼 생리적 욕구(1차적 동인)를 충족해주기 때문에 **2차적**으로 어머니에 대한 **애정 욕구**가 생긴다는 설을 2차적 동인설이라고 한다. 그러나 이 설은 **발달심리학**의 발전과 함께 **로렌츠**와 **할로** 등에 의해 반론이 제기된다.

어머니에 대한
애정 욕구는
2차적으로
생겨난다

VS

그것은
틀리다

시어즈
2차적 동인설

로렌츠
각인 p.174

할로
대리모 실험 p.175

볼비
애착 p.176

173

각인

의 미	특정 시기의 자극이 반영구적으로 사라지지 않는 것	
메 모	순식간에 성립하는 각인현상은 자극과 반응을 반복함으로써 학습하는 조작적 조건형성(p.074)의 이론으로는 설명할 수 없다.	

로렌츠
P026

※조작적 조건형성은 2차적 동인설(p.173)의 근원이 되는 이론

동물학자 **로렌츠**는 오리와 집오리 새끼가 알에서 태어난 직후에 보는 것을 자신의 부모라고 인식한다는 것을 밝혀냈다. 특정 시기에 주어진 자극이 반복적인 학습을 거치지 않고 반영구적으로 사라지지 않는 것을 **각인**이라고 한다.

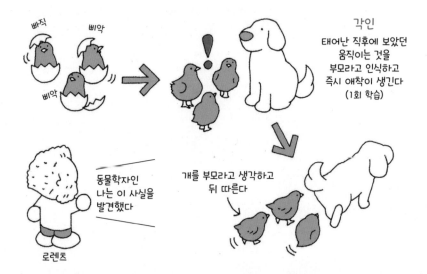

각인현상을 인간에게 적용하면 **특정 시기**(민감기)까지 자신의 부모가 누구인지가 각인되고 동시에 부모에 대한 **애착**(p.176)이 생겨난다. 이 생각은 자신의 욕구를 채워주기 때문에 2차적으로 어머니에 대한 애착이 생긴다는 **2차적 동인설**(p.173)을 뒤집는 것이었다.

대리모 실험

의　미	할로가 아기원숭이를 이용하여 수행한 스킨십과 애착 행동의 관련성을 증명하는 실험
메　모	유아가 어머니(또는 어머니를 대신하는 인물)에게 애착을 갖는 것은 스킨십이라는 신체 접촉에 의한 영향이 크다고 증명됐다

할로
P027

대리모 실험

우유를 마실 수 있는 철로 만든 대리모

우유를 마실 수 없는 부드러운 헝겊 대리모

우유를 마실 때만 이쪽에 접근했다

모든 아기원숭이가 헝겊 대리모와 애착을 형성했다

할로

할로도 '우유를 원한다'는 생리적 욕구를 어머니(또는 어머니를 대신하는 인물)가 충족해주기 때문에, 아이는 어머니에게 애착을 갖는다는 **2차적 동인설**(p.173)에 의문을 갖는다. 왜냐하면 아기원숭이를 사용한 대리모 실험에서 **온기**와 **촉감**이 어머니에 대한 애착을 갖게 한다는 사실을 밝혀냈기 때문이다.

우유를 주니까 이 사람이 좋아

2차적 동인설
p.173

온기와 촉감이 있기 때문에 이 사람이 좋아

접촉의 쾌감이론

스킨십이 중요

애착

의 미	태어나서 1세 정도까지 구축되는, 특정 사람과의 애정적인 신뢰관계. 스킨십을 중심으로 한 상호작용에 의해 축적된다
메 모	유아의 생리적 욕구를 충족시키는 것만으로는 애착이 생기지 않는다고 생각한 볼비는 2차적 동인설에 반론을 제기했다

볼비
P027

아이는 1세 무렵까지 자신에게 평온함을 주는 **양육자**(어머니 등)에게 강한 애정을 나타낸다. **볼비**는 특정 인물과의 이런 애정적인 유대를 애착(어태치먼트)이라고 불렀다. **애착**을 갖는 인물이 있음으로 해서 아이는 안심하고 세계를 탐험하기 시작한다.

우유를 주는 것만으로는 애착이 형성되지 않는다

볼비는 우유를 주는 것만으로는 **애착**은 생기지 않는다고 한다. 울면 달려오고 웃으면 같이 웃는 등 **상호작용**을 하는 상대에게 유아는 **애착**을 갖는다.

볼비	
P027	

모성적 양육 박탈

의　미　아이가 애착에서 분리된 상태
문　헌　〈애착과 상실〉(볼비)
메　모　실제 어머니가 아니어도 어머니를 대신할 양육자가 있으면 심리학적으로 문제는
없다

볼비는 전쟁 고아들에게서 정신적 발달이 지연된다는 사실에 주목했다. 그리고 그 원인이 어린 시절 **양육자**(어머니 등)와 이별한 것에 있다고 생각했다. 이러한 **애착**(p.176)이 결여된 상태를 **볼비**는 모성적 양육 박탈이라고 명명하고, 유소년기의 **애착**의 대상이 되는 인물의 존재가 이후의 인생에 얼마나 중요한지를 강조했다.

제2차 세계대전 후 이탈리아의 고아원에 있는
아이들에게 정신적 발달 지연이 나타난다고 보고됐다

177

내발적 동기부여

의 미	행동을 일으키는 목적이 행동 자체의 매력에 의한 것
문 헌	〈내적 동기−실험 사회심리학적 접근〉(데시)
메 모	내발적 행위라도 보상 없이는 의지가 저하하는 심리현상을 언더마이닝 효과라고 한다

데시
P037

행동주의(p.072) 심리학자 **스키너**(p.026)은 **사람의 행위**(자발적인 행동)는 성격 등의 **내적 요인**보다는 보상 등 **외적 요인**에 의해 발생한다고 생각했다(조작적 조건형성, p.074).

스키너의 외발적 동기부여
스키너는 자발적인 행동도 조건반사와 마찬가지로
외부 요인이 원인이라고 생각했다

청소를 한다　　　　　보상이 있다(외부 요인)　　　　　청소 횟수를 늘린다

데시의 내발적 동기부여
데시는 행동 자체가 목적이 되면 외부 요인이 없어도
자발적으로 행동한다고 생각했다

청소를 한다　　　　　청소는 즐겁다　　　　　청소 횟수를 늘린다
행동 자체가 목적이 되면 외부 요인이 없어도…

훗날 **데시**는 **보상이 없어도** 자발적인 행동을 일으킬 수 있다고 주장했다. 그것은 인간이 본래 가지고 있는 **지적 호기심**에 의해 행동 자체에 흥미를 가진 경우이다. 행동 자체가 목적이 된 일련의 움직임을 내발적 동기부여라고 한다.

내발적 동기부여에 의한 행동은 지속한다

그림을 그리면 상을 줄게!

와와~

좋았어

상이 목적

상 받고 싶다!

아이들은 열심히 그림을 그렸다

그림을 그려도 이제 상은 없어요

그림을 그리는 의미가 없어

상이 없어지자 아이들은 그림에 흥미를 보이지 않게 됐다

그림을 그리는 것은 즐겁다!

그리는 것 자체가 목적이라면…

계속 그린다

게다가 사람의 동기는 보상을 요구하고 행동할 때보다 행동 자체에 관심을 가졌을 때 더 강해진다고 **데시**는 주장한다. 아이에게 상을 주는 것을 전제로 그림을 그리게 하면 많은 그림을 그리지만 상이 없으면 그림에 흥미를 보이지 않을 수 있다.

차를 사기 위해 노력할 거야!

와~

지적 호기심이 아니라 보상만을 목적으로 일을 하면 곧 일 자체에 관심이 없어진다

그 후

관찰학습

의 미	타인의 행동을 관찰해서 학습하는 것
문 헌	〈모델링의 심리학-관찰학습의 이론과 방법〉(반두라)
메 모	관찰학습과 같은 학습을 사회적 학습이라고도 한다. 행동주의(p.072)를 부정하는 개념 중 하나

반두라
P033

인간은 사회적 규범의 대부분을
직접 가르치치 않아도 모방을 통해 배우고 있다

우리는 일상생활에서 습관의 대부분을 타인의 행동을 관찰하고(무의식적으로) 배우고 있다(보보 인형 실험, p.181). **반두라**는 이것을 관찰학습(모델링)이라고 불렀다. **관찰학습**에서 모델(관찰당하는 대상)이 받는 상벌은 **자신**(관찰하는 쪽)의 **강화**(p.075)로 이어진다. 이것을 자신을 대신해서 모델이 강화를 받는다는 의미에서 대리강화라고 한다.

사회적 동물인 인간은
직접 상벌을 받지 않아도
다른 사람이 받을 상벌을 통해
학습할 수 있다

우리는 직접 **상벌**(강화)을 받지 않아도 다른 사람이 상벌을 받으면 그 행동을 학습할 수 있다. 이러한 사실은 **행동주의**(p.072)가 주장하는 **조작적 조건형성**(p.074)의 이론으로는 설명할 수 없다.

보보 인형 실험

의 미 반두라가 실시한 유아의 공격성에 관한 실험
메 모 실험 결과는 TV나 게임 등의 폭력적인 표현이 아이에게 악영향을 미친다는 것을 시사하지만, 폭력적인 영상과 공격성 사이에 인과관계가 있는지 여부는 명확한 결론이 나지 않았다

반두라
P033

반두라는 보보 인형이라 불리는 공기 인형을 어른이 때리거나 걸어차는 등 공격적인 행동을 아이들에게 보인다. 그러자 그 행동을 본 아이들은 어른과 마찬가지로 인형을 공격하는 데 가담했다. 한편, 공격 행동을 하지 않는 어른과 함께 있던 아이들은 공격에 가담하지 않았다. 아이들은 어른의 행동을 모방해서 학습하고 있는 것을 알 수 있다(관찰학습 p.180).

보보 인형 실험

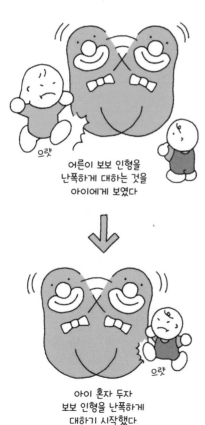

어른이 보보 인형을
난폭하게 대하는 것을
아이에게 보였다

아이 혼자 두자
보보 인형을 난폭하게
대하기 시작했다

보보 인형에 대해
아무것도 하지 않거나
부드럽게 대하는 것을 보였다

아이 혼자 둬도
보보 인형을 난폭하게
대하지 않았다

생성문법이론

촘스키
P035

의 미   인간은 언어 획득 능력이 선천적으로 구비되어 있다는 생각
메 모   촘스키는 뇌에 언어습득장치가 있는 근거로 유아가 가르치지 않은 문법을 구사하는 점과 모든 언어에는 표면상 달라도 공통의 보편문법이 있다는 점을 들었다

아이는 배우지 않은 문법을 구사한다

나비가 날고 있어요

내 이름은 A입니다

내 이름은 B입니다

내 이름은 C입니다

아이가 언어를 획득하는 속도에 개인차는 없다

아이가 처한 상황에 따라 다양한 언어를 습득할 수 있다

어떻게 아이는 언어를 습득할 수 있는 걸까?

촘스키

다른 생물과 달리 왜 인간만 가르치지 않았는데도 **문법**에 맞는 언어를 빠르게 습득할 수 있을까?

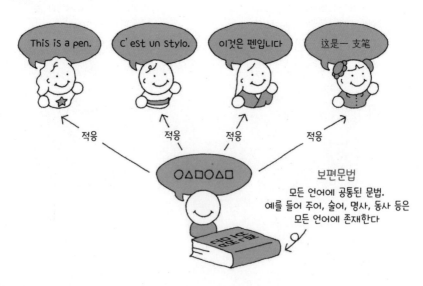

This is a pen.

C'est un stylo.

이것은 펜입니다

这是一支笔

적응

보편문법

모든 언어에 공통된 문법. 예를 들어 주어, 술어, 명사, 동사 등은 모든 언어에 존재한다

촘스키는 세계의 모든 언어에 공통적인 보편문법이라는 기본적인 문법이 있다고 주장한다. 그리고 인간에게는 문법을 이해하는 기능이 선천적으로 구비되어 있다고 생각하고, 이 기능을 언어습득장치(LAD)라고 명명했다.

언어습득장치는 폐나 위장 등과 같은 생물학적인 신체기관이라고 촘스키는 생각한다. 그리고 다른 신체기관처럼 발달한다고 주장했다. 이런 생각을 생성문법이론이라고 한다.

언어기관(언어습득장치)은 다른 신체기관처럼 발달한다

인간관계의 심리학

사적 자기의식 | 공적 자기의식

의 미 다른 사람이 관찰하지 못하는 자신의 내면에 대한 인식이 사적 자기의식. 다른 사람이 관찰 가능한 자신의 외면에 대한 의식이 공적 자기의식

버스
P033

자신의 감정, 욕망, 희망 등 자신만이 느끼는 의식을 사적 자기의식이라고 한다. 또한 '자신이 다른 사람으로부터 어떻게 보이는가'라는 '타인으로부터의 자신'을 의식하는 상태를 공적 자기의식이라고 한다. 현대인은 **공적 자기의식**이 과도하게 높은 경향이 있다고 **버스**는 생각했다.

자기의식
자기 자신을 의식하는 것

사적 자기의식
자신이 무엇을 생각하는지
(감정, 생각 등)를 의식하는 것

나는 회의보다 혼자서 하는 일이 더 많다

직장을 관두고 나를 찾아 여행을 떠나자

사적 자기의식이 높은 사람은
인간관계에 관심이 적다

공적 자기의식
타인이 본 자신(외모, 행동 등)을
의식하는 것

옷차림은 이 정도면 되겠지?

모두 나를

어떻게 생각하고 있을까?

공적 자기의식이 높은 사람은
인간관계에 민감하다

내적 귀속 | 외적 귀속

의　미	사건의 원인이 무엇인지 찾으려는 것
문　헌	〈대인관계의 심리학〉(하이더)
메　모	내적 귀속을 하느냐 외적 귀속을 하느냐에 따라 이후의 감정과 대인 행동에 차이가 생긴다

하이더
P024

무슨 일이 일어나면 우리는 그 **원인**을 찾으려고 한다. 이러한 심리를 원인귀속이라고 한다. 사람은 세계를 일관성이 떨어지는 것으로 파악하려고 하기 때문에 귀속을 한다. **하이더**는 사건의 원인이 능력이나 성격 등 자신의 내적인 원인에 **귀속**되는 것을 내적 귀속, 주위의 상황이나 운 등 외적 원인에 **귀속**되는 것을 외적 귀속이라고 분류했다.

내적 귀속을 하느냐 외적 귀속을 하느냐에 따라 이후의 감정과 대인 행동에 차이가 생긴다

자기중심성 편향

의 미	과거의 사실을 자신이 편한 대로 수정하고 해석하는 것. 다른 사람보다 자신이 더 공헌도가 높다고 평가하는 것
문 헌	〈이용 가능성과 귀속에서의 자기중심성 편향〉(로스 외)
메 모	프라이드가 높은 사람일수록 이 편견을 갖기 쉽다고 한다

로스
P038

로스는 '남편과 아내가 자신이 얼마나 집안일을 하고 있다고 생각하는가'라는 설문조사를 실시하고, 남편도 아내도 자신이 업무량이 많다고 생각하는 경향이 있음을 확인했다. 타인의 행동보다 자신의 행동을 잘 기억하고 있거나 다른 사람보다 자신이 더 기여도가 높다고 생각하는 것을 자기중심성 편향(바이어스, 편견)이라고 한다.

로스의 조사에서는 남편과 아내가 자신이 집안일을
더 많이 하고 있다고 생각하는 경향이 있었다

이 조사에 따르면, 사람은 마음속으로는 '모두 여러분 덕분입니다'라고 생각하지 않는 셈이다.

자기 표적 편향

의 미	자신이 주위로부터 주목을 받고 있다고 느끼는 것
문 헌	〈자기의식과 자기 표적 오버 지각〉(페닝스타인)
메 모	실제보다 주위 사람들이 자신을 주목하고 있다고 생각하는 과잉지각을 말한다. 일반적으로 말하는 자의식 과잉을 말한다

페닝스타인
P039

페닝스타인은 교사가 시험 답안지를 돌려주면서 '딱 한 사람 성적이 좋지 않은 학생이 있었다'고 말하자 50명 중 10명 이상의 학생이 자신이라고 느꼈다고 한다. 이처럼 자신이 다른 사람보다 비판과 주목을 받고 있다고 느끼는 심리를 자기 표적 편향(바이어스, 편견)이라고 한다.

사람은 누구나 자신을 특별한 존재라고 생각하지만, 주위 사람들은 크게 신경쓰지 않는다.

자기 모니터링 Self monitoring

의 미	자신의 상황, 상대의 상황을 모니터링하면서 인간관계를 맺는다
문 헌	〈카멜레온 인간의 성격〉(스나이더)
메 모	자기 감시가 높은 사람은 자신이 어떻게 보일지가 중요하고, 자기 감시가 낮은 사람들은 자신의 신념이 중요하다

스나이더
P039

우리는 항상 자신의 상황을 스스로 **모니터링**(감시)하면서 인간관계를 맺고 있다. 이러한 행위를 **스나이더**는 자기 모니터링이라고 한다. 주위에 맞추는 자기감시가 높은 사람, 예를 들어 구직 활동에서 모두가 부러워하는 회사를 선택하지만, 주위에 맞추지 않는 자기 감시가 낮은 사람들은 회사의 이념이나 사업 내용 등을 중시한다고 할 수 있다.

모두의
의견에
따르겠습니다

자기 감시가 높은 사람
자신의 행동이 타인에게
어떻게 영향을 주고 있는지에 관심이 많다.
즉 사회성이 높은 사람

내가
원하는 대로
살겠습니다

자기 감시가 낮은 사람
자신의 행동이 타인에게
어떻게 영향을 주고 있는지에 관심이 낮다.
즉 개성적인 사람

멋지다

자기 감시가 높은 사람은
다른 사람·사물의 사회성을 중시

멋지다

자기 감시가 낮은 사람은
다른 사람·사물의 내면·내용을 중시

당신과
같은 걸로

뭐 먹을래?

자기 감시가 높은 사람은 타인의 감정을 존중한다

카레

뭐 먹을래?

자기 감시가 낮은 사람은 타인의 감정을 존중한다

자기 핸디캐핑 Self handicapping

의 미	자존심을 지키기 위해, 실패의 변명을 만들어두는 것
메 모	미리 주위에 변명을 해 두는 것을 주장적 자기 핸디캐핑, 미리 자신에게 변명을 만들어 두는 것을 획득적 자기 핸디캐핑이라고 한다.

존스
P034

사람은 **자존심**이 상처 입는 것을 싫어한다. 그래서 미리 실패한 이웃에 대한 변명을 만들어두면 **자존심**을 다치지 않는다. 이것을 자기 핸디캐핑이라고 한다. 사람은 모든 상황에서 **자기 핸디캐핑**이라는 **자기 방어**를 하면서 살고 있다.

주위에 대한 자기 핸디캐핑

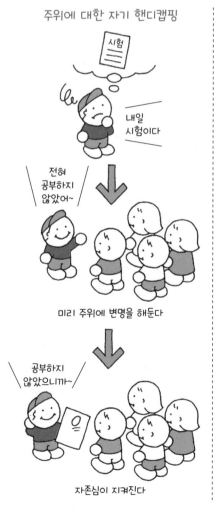

자신에 대한 자기 핸디캐핑

후광효과 halo effect

의 미		하나의 눈에 띄는 특징을 가지고서 인물 전체에 대해 높은 평가를 하게 되는 것
문 헌		〈심리 평가에서 일정한 오류〉(손다이크)
메 모		할로(halo)는 후광이라는 의미

손다이크
P020

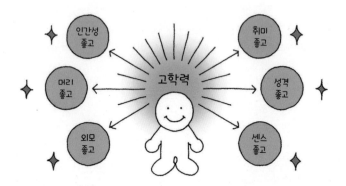

일류 기업에 다니는 사람이라는 특징을 갖고 있는 사람은 성격과 취미를 포함하여 전반적으로 높은 평가를 받을 수 있다. 이렇게 눈에 띄는 하나의 특징에 따라 인물 전체의 평가가 결정되는 것을 **손다이크**는 후광효과라고 했다. **후광효과**에 현혹되기 쉬운 사람은 고정관념이나 선입견(스테레오타입)이 강한 사람이라고 알려졌다.

유사성의 법칙

의 미	비슷한 사람끼리 서로 호의를 갖는다
문 헌	〈사회심리학〉(뉴컴)
메 모	유유상종이라는 속담처럼 취미든 스포츠든 취향이 같은 사람은 서로에게 호의를 가져서 친구나 연인으로 발전하기 쉽다

뉴컴
P026

뉴컴은 대학의 기숙사에 들어간 학생을 대상으로 한 실험에서 취향과 행동이 비슷한 사람끼리 친해지는 것을 확인했다. 이를 유사성의 법칙이라고 한다.

대학에 막 입학하면
옆 자리에 앉은 사람이나
같은 반 사람과
사이가 좋아지지만…

결국에는
취미가 비슷한 사람들끼리
그룹을 이룬다

유사성의 법칙을 일상의 커뮤니케이션에 응용한 언동이 미러링이다. 상대의 행동을 거울처럼 흉내 내고 상대방과의 **유사성**을 의도적으로 만들어낼 경우, 상대에게 호의를 갖게 할 가능성이 있다.

새다! 새다!

행동을 따라 하면
호의를 갖게 된다

이거 좋아 이거 좋아

좋아하는 일을 따라 하면
호의를 갖게 된다

그렇답니다 대단합니다

어투나 말투를 따라 하면
호의를 갖게 된다

인지부조화

의　미　자신의 생각과 행동에 모순(불협화음)이 생겼을 때 느끼는 불쾌감

문　헌　〈인지부조화 이론〉(페스팅거)

메　모　페스팅거는 인지부조화가 생겼을 때, 그것을 어떻게 해결할지(인지부조화 이론)를 단순 작업과 보상의 실험을 통해 확인했다

페스팅거
P031

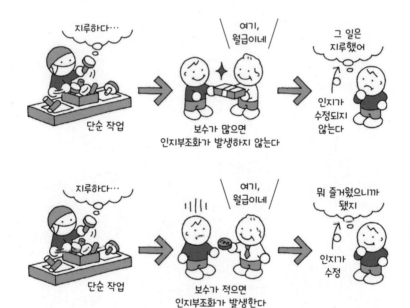

시험에서 떨어지는 등 자신의 생각과 행동에 **모순**(불협화음)이 발생한 경우, 사람들은 불쾌해한다. 이러한 상태를 인지부조화라고 한다. **인지부조화**가 발생했을 경우, 자신의 행동을 정당화하기 위해 자신의 인지를 수정해버린다는 사실을 **페스팅거**는 밝혀냈다.

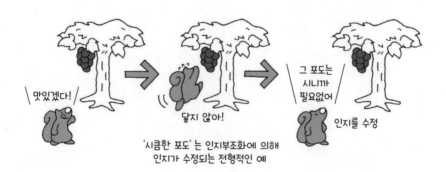

'시큼한 포도'는 인지부조화에 의해
인지가 수정되는 전형적인 예

사회적 비교

의　미	다른 사람과 비교해서 자신을 평가하려고 하는 것
문　헌	〈사회적 접촉을 통한 행동 변화〉(페스팅거)
메　모	사람의 자존심과 자부심은 사회적 비교에 의해 만들어진다고 페스팅거는 생각했다

페스팅거
P031

우리는 자신의 능력을 평가할 때 자신의 것만을 보고 평가하는 절대평가와 다른 사람과 비교하는 상대평가라는 2가지 기준으로 확인하려고 한다. 사람은 **절대평가**를 하는 동시에 **상대평가**라는 사회적 비교를 하는 경향이 있다.

페스팅거에 따르면, 자신과 타인의 능력 차이가 클수록 다른 사람과 비교하려는 경향이 감소한다고 한다.

195

자기 평가 유지 모형

의 미	대인관계에서 자기 평가를 유지하려고 하는 마음의 작용을 모델링화한 것
문 헌	〈자기 평가 유지 프로세스〉(테서)
메 모	동창생 등의 성공을 자신의 일로 기뻐하는 것을 버깅(BIRGing; Basking in Reflected Glory, 투영된 영광의 향유)이라고 한다

테서
P037

회사 동료가 자신보다 먼저 승진하면 질투가 날 것이다. 그런데 화가인 친구가 경연대회에서 입상을 하면 자신의 일처럼 자랑스럽게 여겨진다. 사람은 친구나 지인이 자신에게 중요한 분야에서 우수하면 스트레스를 느끼지만 중요하지 않은 분야에서 우수하면 그 사람을 자랑스럽게 생각한다. 테서는 이러한 마음의 움직임을 자기 평가 유지 모형으로 이론화했다.

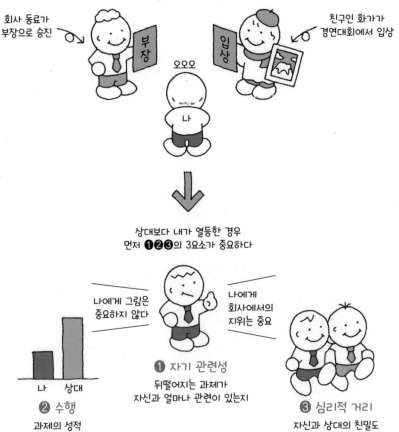

자기 평가 유지 모형의 개요

회사 동료가 부장으로 승진

친구인 화가가 경연대회에서 입상

상대보다 내가 열등한 경우
먼저 ❶❷❸의 3요소가 중요하다

나에게 그림은 중요하지 않다

나에게 회사에서의 지위는 중요

❶ 자기 관련성
뒤떨어지는 과제가 자신과 얼마나 관련이 있는지

❷ 수행
과제의 성적

❸ 심리적 거리
자신과 상대의 친밀도

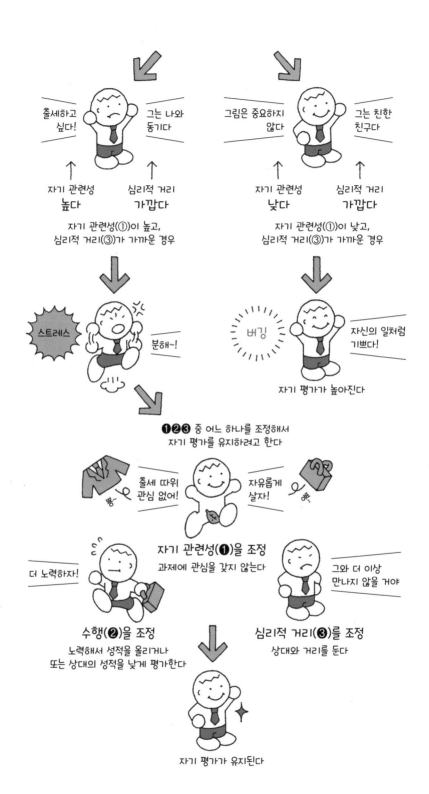

리더십 상황 이론

의　미	집단의 상황에 따라 효과적인 지도력이 변화한다는 이론
문　헌	〈리더십 효과성〉(피들러)

피들러
P032

카리스마형 리더
목표를 향해 억지로 잡아당기는 유형

↓ 이럴 때 잘 된다!

과제가 명확하고
리더와 추종자의 관계가 좋을 때

과제가 불명확하고
리더와 추종자의 관계가 좋지 않을 때

조정형 리더
인간관계를 배려하는 유형

↓ 이럴 때 잘 된다!

과제가 명확하고
리더와 추종자의 관계가 좋지 않을 때

과제가 불명확하고
리더와 추종자의 관계가 좋을 때

즉, 상황이 꽤 좋은 때와 상당히 나쁠 때는 카리스마형 리더,
상황이 좋지도 나쁘지도 않을 때는 조정형 리더가 잘 맞는다

강한 카리스마를 가진 **리더**보다 인간관계를 배려하는 민주적인 **리더**가 더 잘 하는 경우가 있다. 집단의 상황에 따라 잘 굴러가는 **리더십** 스타일이 변화한다는 생각이 상황 리더십 이론이다. 이 이론은 카리스마형(과제 수행형)과 조정형(인간관계형) 2종류의 리더십이 있다.

권력의 타락

의	미	권한을 가진 사람이 다른 사람의 능력을 낮게 평가하고 고압적이 되는 것
문	헌	〈권력은 타락하는가〉(키프니스)
메	모	강한 권한을 가진 관리자일수록 부하에게 세세하게 지시를 내리고, 부하의 능력을 낮게 평가하는 경향이 있다고 키프니스는 주장했다

키프니스
P032

권한이 강하면 권력은 타락한다

이거 해라 저거 해라

이거 하지 마라 저거 하지 마라

부하는 모두 무능하다!

잘된 것은 내 덕분이다!

멋대로 하시지

부하는 떠나간다

권력은 이용하고 싶기 때문에 강한 권한을 가진 관리자는 자주 부하에게 지시를 내린다

성장은 자신의 지시에 의한 것이지 부하의 능력에 의한 것이 아니라고 생각하게 된다

사람은 강한 **권한**을 가지면, 지시를 받는 상대의 능력을 낮게 평가하거나 지시를 받는 사람의 성과를 자신의 지시에 의한 것이라고 생각하여 **자기 평가**를 높이려고 한다. 이러한 경향을 **키프니스**는 권력의 타락이라고 했다. **권력**을 행사해서 실적을 올리는 것은 쉽다. 그래서 권력자가 횡포를 부리는 일은 드물지 않다.

권한이 약하면 권력은 타락하지 않는다

월요일까지 해주세요

최소한의 지시

부하가 의지를 갖게 돼, 결과적으로, 실적이 오른다

심리적 반발이론

의 미	자신의 자유가 타인으로부터 침해되면 자유를 되찾으려고 하는 심리적 저항	
문 헌	〈심리적 반발이론〉(브렘)	
메 모	심리적 반발이론은 부메랑 효과(p.201)를 도출하는 일이 있다	

브렘
P034

'이 영화는 곧 볼 수 없게 된다'라고 하면 갑자기 그 영화가 보고 싶어진다. 자신이 소유하고 있어야 할 '본다'라는 **자유 선택권**이 침해되는 것에 위기감을 느끼고 선택권을 되찾으려 하기 때문이다. 자유가 타인으로부터 침해된 경우에 자유를 회복하려는 이러한 심리적 저항을 심리적 반발이론라고 한다.

심리적 반발이론

부메랑 효과

의 미   설득자의 의도가 역효과가 되는 것
문 헌   〈태도 변화와 사회적 영향〉(A. R. 코헨)
메 모   부메랑 효과는 피설득자의 심리적 반발이론(p.200)과 인지부조화(p.194)를 해소하려는 하는 심리에 기인해서 일어난다

브렘 등
P034

모처럼 공부하려고 했는데 '공부해라'라는 말을 들으면 갑자기 의욕이 없어진다. 이것은 '공부한다'는 **자유 선택권**의 침해에 대한 **심리적 반발이론**(p.200)이 작동했다고 생각된다. 이와 같이 설득되는 **사람의 심리적 반발이론**에 의해 설득의 의도가 역효과가 나는 것을 부메랑 효과라고 한다.

부메랑 효과

피그말리온 효과

의 미   교사의 기대감이 학생들의 학습 결과에 긍정적인 영향을 가져오는 것
메 모   라벨링 이론(p.248)이 초래하는 좋은 효과를 피그말리온 효과, 나쁜 효과를 골렘
효과라고 한다. 피그말리온 효과는 제창한 인물의 이름을 따서 로젠탈 효과라고도 한다

로젠탈
P036

상대방에 대한 **첫인상**이 적중하는 일이 자주 있다. 그 이유는 이렇다. 예를 들어, 첫인상
에서 상대가 상냥하게 보였다면 자신도 상대를 상냥하게 대한다. 그러면 상대도 상냥하
게 대응한다. 결과적으로 '역시 첫인상은 옳았다'고 생각하게 된다. 자신의 첫인상에 유
도되어, 실제로 상대가 첫인상대로 되는 이러한 현상은 **예언의 자기성취**(p.247)라는 효과
중 하나이다.

예언의 자기성취라는 효과는 학교 교육에도 큰 영향을 미친다. **로젠탈**은 교사가 학생들에게 기대를 가지면 실제로 학생의 학습 결과에 좋은 영향을 가져온다는 사실을 실험으로 증명했다. 이것을 피그말리온 효과라고 한다. '이 아이는 성장한다'고 믿고 아이를 대하는 것이 효과적이라고 할 수 있다(단, 이 실험은 의문이 제기되고 있다).

개체공간 personal space

홀
P030

의 미	자신의 영역이라고 인식하는 공간
문 헌	〈숨겨진 차원〉(홀)
메 모	개체공간의 넓이는 성별과 문화, 개인의 성격 등에 따라서도 다르다고 한다

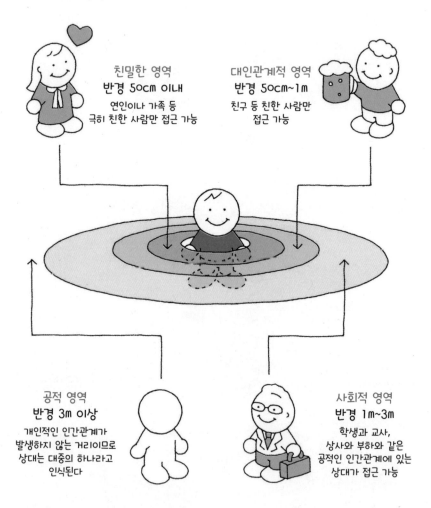

친밀한 영역
반경 50cm 이내
연인이나 가족 등
극히 친한 사람만 접근 가능

대인관계적 영역
반경 50cm~1m
친구 등 친한 사람만
접근 가능

공적 영역
반경 3m 이상
개인적인 인간관계가
발생하지 않는 거리이므로
상대는 대중의 하나라고
인식된다

사회적 영역
반경 1m~3m
학생과 교사,
상사와 부하와 같은
공적인 인간관계에 있는
상대가 접근 가능

사람은 자신 주위의 공간을 자신의 공간으로 인식하고 있다. 이 공간을 개체공간(personal space)이라고 한다. **개체공간**에 낯선 사람이 침입하면 불쾌하게 여기지만, 친한 상대라면 오히려 환영한다. 홀은 자신을 중심으로 한 **4개의 영역**이 **개체공간**으로 존재한다고 생각했다.

가정 내 폭력

의 미	남편이나 연인으로부터 받는 폭력. DV라고도 한다
문 헌	〈배터드 우먼-매 맞는 아내〉(워커)
메 모	DV를 당하는 여성을 배터드 우먼(battered woman, 맞고 구타당하는 여성이라는 뜻)이라고 한다

워커
P038

남편이나 연인으로부터 받는 **폭력**(domestic violence, 가정 내 폭력)에는 **3단계**가 있고, 이를 반복한다고 **워커**는 생각했다. **제1단계**인 긴장 형성기는 스트레스가 가해자에게 쌓여가는 단계. **제2단계**인 폭발기는 가해자가 피해자에게 폭력을 가하는 단계. **제3단계**인 허니문기(안정기)에는 가해자가 피해자에게 사과하고 부드럽게 대하는 단계이다.

제3단계인 **허니문기**에 피해자가 가해자의 친절함과 약점을 느끼면 피해자는 가해자로부터 벗어날 수 없게 된다고 여겨진다.

연애과정의 3단계론(SVR 이론)

의 미	연애의 친밀도를 S, V, R의 3단계로 나누어 생각하는 설
문 헌	〈신체적 매력과 결혼 선택〉(머스타인)
메 모	각 단계에서 가장 중요시 되는 요소를 순서대로 'SVR'이라고 한다. 그러나 모든 단계에서 S, V, R은 모두 의식된다

머스타인
P035

자극 (S)
외모와 사회적 지위 등
외부에서 보이는 자극이 있다

가치 (V)
서로의 취미나
가치관이 같다

역할 (R)
서로의 역할관계가
생겼다

연애에 중요한 요소

커플의 친밀도는 자극(Stimulus), 가치(Value), 역할(Role)의 **3단계로 나뉜다**고 **머스타인**은 생각했다. 이를 SVR 이론이라고 한다. **제3단계의 역할 단계**에서 서로를 지지할 수 있으면 진정한 친밀한 관계가 맺어진다. 이 설에 의하면, **제1단계**에서 결혼하는 것보다 **제3단계**에서 결혼하는 것이 이혼으로 발전할 가능성은 낮다.

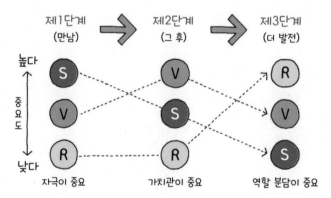

제1단계에서 결혼하는 커플도 있지만, 제 2, 3단계에서 마음이 맞지 않으면
이혼 등으로 발전할 가능성이 높다

메라비언의 법칙

메라비언
P037

의 미 언어, 청각, 시각이 상대의 호의에 영향을 미치는 비율을 제시한 것. 호의나 반감
에 대한 말이 논해진 경우에만 적용된다
메 모 언어 정보를 버벌(verbal) 커뮤니케이션, 시각·청각 정보를 넌버벌(non-verbal)
커뮤니케이션이라고 한다

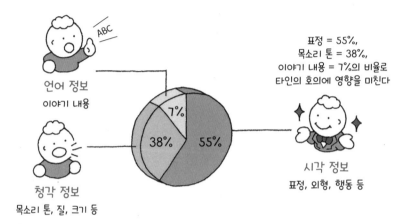

메라비언에 의하면 **표정** 등의 **시각 정보**가 상대방의 첫인상에 가장 큰 영향을 미친다. 다음으로 중요한 것은 **목소리의 톤** 같은 **청각 정보**이다. 말하는 내용은 그다지 중요하지 않다. 그에 따르면 **시각 55%, 청각 38%, 언어 7%**의 비율로 상대방에게 영향을 미친다(메라비언의 법칙).

이야기의 내용은 상대에게 거의 영향을 주지 않는다?

상대에게 좋은 인상을 주고 싶다면, 이야기의 내용보다 표정이나 목소리 등 **비언어적인** 분위기를 고려하는 편이 좋을 것 같다.

면전에서 문닫기 기법 door-in-the-face Technique

의 미	큰 요청을 한 후에 작은 요청을 하는 설득 기술
문 헌	〈설득의 심리학〉(치알디니)
메 모	판매원이 방문 판매를 할 때 거절당하고 눈앞에서 문이 닫히는 것에서 유래한다

치알디니
P038

거부당하는 것을 전제로 일부러 큰 의뢰를 하고 그 다음에 작은 의뢰를 해서 작은 의뢰를 들어줄 가능성을 높이는 설득 기술을 면전에서 문닫기 기법이라고 한다. 다른 사람이 뭔가를 해주면 보답을 해야 한다는 인간 심리(반보성의 원리)를 이용한 설득 방법이라고 할 수 있다.

면전에서 문닫기 기법

반보성의 원리
상대가 뭔가를 해줬다고 착각하고
보답해야 한다는 생각에 상품을 구입

문간에 발 들여 놓기 기법 door-in-the-face Technique

의 미	작은 요청을 한 후에 큰 요청을 하는 설득 기술
문 헌	〈설득의 심리학〉(치알디니)
메 모	판매원이 방문 판매할 때 먼저 문에 발을 들여 놓고 나서 영업을 시작하는 것에서 유래한다

치알디니
P038

면전에서 문닫기 기법(p.208)과는 반대로 처음에 거부하기 어려운 작은 요청을 수락하게 한 다음 큰 부탁을 해서 큰 부탁을 들어줄 가능성을 높이는 설득 방법을 문간에 발 들여 놓기 기법이라고 한다. 일단 결정한 것은 끝까지 해내려는 심리(일관성의 원리)를 이용한 방법이라고 할 수 있다.

문간에 발 들여 놓기 기법

보기만 해도 되니 구경하고 가세요!

거부하기 어려운 작은 부탁을 한다

보기만 하는 거라면…

어때요? 하나 사세요!

다음에 큰 부탁을 한다

그래요, 살게요

일관성의 원리
한 번 시작한 것은
끝까지 해내려는 생각에 물건을 구입

낮은 공 기법 low-ball-technique

의 미	나쁜 조건을 숨기고 요청을 수락하도록 한 후 진짜 요청을 수락하게 하는 설득 기법
메 모	문간에 발 들여 놓기 기법과 같은 일관성의 원리(p.209)를 이용한 설득 기법

치알디니
P038

처음에 불리한 조건을 숨기고(받기 쉬운 낮은 공을 던져) 요청을 수락하게 한 뒤 불리한 조건을 추가하는 단계를 밟는 것으로, 진짜 요청을 수락하도록 할 가능성을 높이는 설득 기술을 낮은 공 기법이라고 한다. **문간에 발 들여 놓기 기법**(p.209)과 비슷하지만, 이쪽은 사기 성격을 포함하고 있다고 할 수 있다.

낮은 공 기법

낮은 공 기법은 주로 영업 현장에서 사용된다. 잘 알려진 영업 방법에는 이외에도 송죽매의 법칙이나 양면제시의 법칙이 있다.

송죽매의 법칙을 이용한 영업

양면제시의 법칙을 이용한 영업

런천 테크닉 luncheon technique

의 미	맛있는 식사를 하면서 협상하면 거래를 유리하게 진행할 수 있다는 것
메 모	조건형성(p.069) 학습의 연합의 법칙(무언가의 인상이 무의식적으로 다른 것들에 결부되어 기억되는 것)을 응용한 기법

라즈란
P025

맛있는 것을 먹으면 드는 행복한 기분이 그때 나누는 대화 내용은 물론 함께 있던 사람의 인상도 좋아지게 한다. 이처럼 무언가의 인상이 아무런 관계도 없는 일에 무의식적으로 결부되는 것을 연합의 법칙이라고 한다.

라즈란은 맛있는 식사를 하면서 협상하면 **연합의 법칙**이 작동해서 거래에 좋은 효과를 마친다고 했다. 이것를 런천 테크닉이라고 한다.

	# 현수교 효과

<table>
<tr><td>의 미</td><td>심장이 두근두근할 때 함께 있는 이성에게 호감을 갖게 되는 것</td></tr>
<tr><td>문 헌</td><td>〈높은 긴장 상황에서 성적 매력이 고조되는 몇 가지 증거〉(듀턴, 아론)</td></tr>
<tr><td>메 모</td><td>착오귀속(현상의 원인을 잘못 이해하는 것)에 의한 효과</td></tr>
</table>

아론 등
P039

현수교 효과는 **D. G. 듀턴**과 **아론**이 제창한 '이성과 함께 현수교에 있으면, 그 이성에게 호감을 갖는다'는 설이다. 현수교가 흔들리면 그 공포로 인해 심장이 두근두근하는데, 두 근거림을 연애 감정 때문이라고 착각하고 첫눈에 사랑에 빠졌다고 생각한다.

문제가 생기면 사람들은 그 원인을 찾으려고 한다(귀속, p.187). 그러나 때때로 현상의 원 인을 오인하는 경우가 있다(착오귀속).

데이트는 놀이공원에서!

스틴자 P031	# 스틴자 효과

의 미	미국의 심리학자 스틴자가 법칙화한 것으로 작은 집단이 하는 회의에서 상대방과의 심리적 관계에 의해 자리가 결정되는 경향
문 헌	〈대면 토의 집단의 공간적 효과〉(스틴자)
메 모	스틴자의 삼원칙이라고도 한다

스틴자는 회의에서 보이는 사람들의 행동에는 3가지 공통된 특징이 있다는 것을 발견했다(스틴자 효과). 하나는 사람은 이전에 자신과 말다툼한 사람의 맞은편에 앉고 싶어 하는 경향이 있다고 한다.

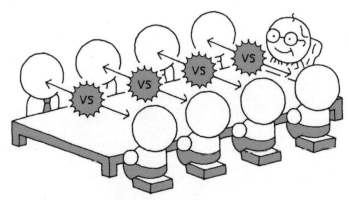

사람은 과거에 언쟁을 했던 상대의
맞은편에 앉고 싶어 한다

이 사람과는
언쟁이 있었지

이 사람의 의견은
경계해야지

맞은편에 앉은 사람의 의견에 주의가 필요

두 번째는 자신의 발언 다음에 발언을 하는 사람은 자신의 의견에 반대하는 경향이 있다.

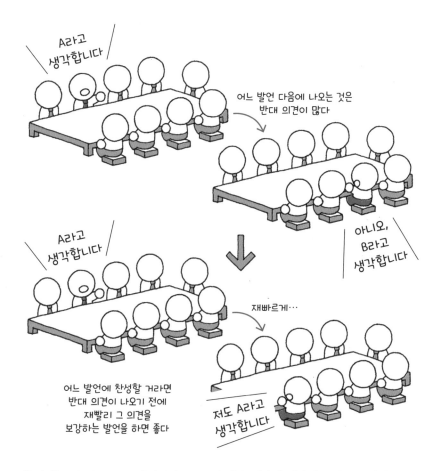

세 번째는 **강력한 리더십** 아래에서 **옆자리**에 앉은 사람과 이야기를 나누는 경향이 있고, **약한 리더십** 아래에서는 맞은편에 앉은 사람과 이야기를 나누는 경향이 있다고 한다.

사회심리학

장(場) 이론 field theory

의 미	사람의 행동은 생활 전체의 관계에 의해 결정된다는 이론
문 헌	〈사회과학에서의 장 이론〉(레빈)
메 모	유대인이었던 레빈은 민중이 나치의 전체주의에 치달았던 이유를 게슈탈트 심리학에 의해 해명하려고 했다

레빈
P023

전체(게슈탈트)는 요소의 총합 이상의 것을 만들어낸다고 생각하는 것이 **게슈탈트 심리학** (p.082)이다.

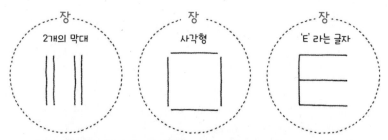

게슈탈트 심리학에서는 전체는 요소의 총합 이상의 것을 만들어내는 것이라고 생각한다.
예를 들어 4개의 선(요소)은 놓인 환경(장)에 따라서 4개의 선 이상이 된다

레빈은 **세슈발트 심리학**을 사회심리학(사람의 의식이나 행동은 사회로부터 어떤 영향을 받고 있는지, 또한 미치고 있는지를 분석하는 학문)에 응용했다. 인간의 행동은 개인의 성격이나 욕망만으로 결정되는 것은 아니고, 개인이 놓인 **장**(환경)에 좌우된다고 생각했다. 이것을 장 이론이라고 한다.

환경(장소)이 다르면 A씨는 다른 행동을 취한다.
즉 A씨의 행동은 A씨 개인의 성격이 아닌 장소에 영향을 받는다

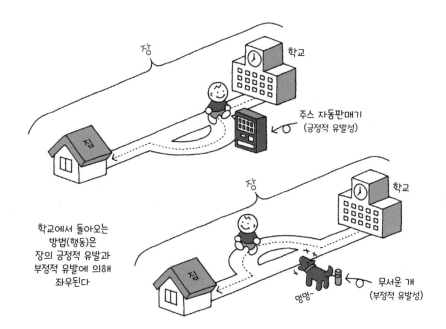

학교에서 돌아오는
방법(행동)은
장의 긍정적 유발과
부정적 유발에 의해
좌우된다

주스 자동판매기
(긍정적 유발성)

무서운 개
(부정적 유발성)

장에서의 개인을 끌어당기거나 기피하게 만드는 특성을 유발성이라고 한다. 대상에게 끌리는 긍정적 유발성과 대상을 기피하려는 부정적 유발성은 개인의 언동에 큰 영향을 끼친다.

사람의 행동은 개인의 특성이 아니라 개인의 포지션에 좌우된다

개인의 행동은 그 사람의 머릿속에 있는 집단이나 상황을 전체적으로 파악함으로써 비로소 이해할 수 있다고 생각하는 것이 장 이론이다. 타인의 행동을 이해하려면 그 사람의 주변 환경을 볼 필요가 있다.

집단역학

의 미	장 이론을 집단의 행동을 해명하는 데 적용하는 연구 분야	
문 헌	〈집단역학(group dynamics)〉(카트라이트 등)	
메 모	집단역학은 레빈이 제창하고 제자인 카트라이트(Cartwright)가 발전시켰다	

레빈 등
P023

장 이론(p.218)을 제창한 **레빈**은, **집단**은 **개인의 총합 이상**의 것을 만들어낸다고 생각했다. 집단행동에는 한 사람 한 사람의 언행의 집합을 뛰어넘는 것이 있다.

집단은 개인의 총합과는 다른 것을 만들어낸다

레빈은 **집단**에 속한 개인의 행동을 연구하면 사람의 사회생활에 도움이 될 수 있다고 생각했다. 그리고 그는 자신의 연구를 집단역학(그룹 다이내믹스)이라고 명명했다.

집단역학의 예(1)
집단 내 의사 결정의 경향을 연구

급하지만 녹색불로 바뀔 때까지 기다리자

모두 건너자!

개인이 결정하는 것보다 집단에서 결정하는 것이
고위험·고수익의 결정을 하는 경우가 많은 것으로 나타났다

집단역학의 예(2)
집단에는 어떤 리더가 어울리는지 연구

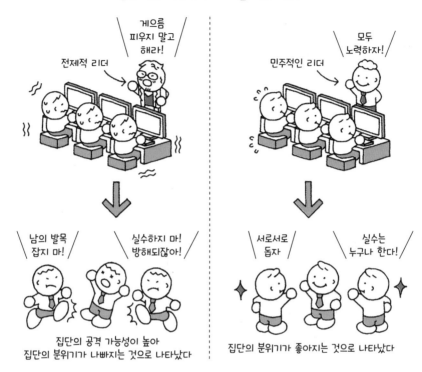

그 후, 제자인 **D. P. 카트라이트**(1915~2008) 등에 의해 많은 **집단역학**에 관한 실험이 진행됐다. 오늘날 **집단역학**은 **집단 응집성**과 **집단압력, 리더십**(지도자로서의 자질과 능력), **의사 결정 과정, 원조적 행동** 등의 분야에 응용되며 집단심리학과 같은 의미로 사용되고 있다.

기타 집단역학

집단적 분위기

레빈 등
P023

의 미   집단이 가진 고유의 분위기
문 헌   〈집단역학(group dynamics)〉(카트라이트 등)
메 모   레빈은 나치즘이 어떻게 유대인을 박해하게끔 분위기를 만들어 갔는지를 알기
위해 집단적 분위기의 실험적 연구를 수행했다

집단의 고유한 분위기를 집단적 분위기 또는 사회적 분위기라고 한다. 가풍이나 교풍이 알기 쉬운 예다. **집단적 분위기**는 일단 형성되면 비교적 장기간 지속하는 경향이 있다.

부자들만 모이는 교풍

아버지의 의견이 절대적인 가풍

다양한 집단적 분위기
집단이 갖고 있는
고유한 분위기를
집단적 분위기라고 한다

수수한 서클

화려한 서클

자신의 의견을 말하기 쉬운 문화(자유로운 문화)

자신의 의견을 말하기 어려운 기업 문화

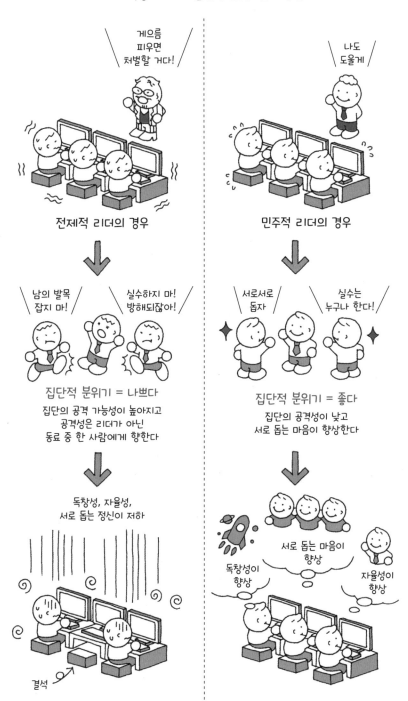

리더의 특성에 따라 집단적 분위기는 좌우된다

갈등

의 미	어느 쪽(어느 것)을 선택하면 좋을지 결정하지 못하는 상태
문 헌	〈퍼스널리티의 역학설〉(레빈)
메 모	갈등이 길어지면 욕구불만(frustration)의 심리가 된다

레빈
P023

인간의 욕망은 멈추지 않는다. 특히 '마르고 싶지만 케이크도 먹고 싶다'와 같이 하나의 욕망을 충족하면 다른 한쪽이 충족되지 않게 되는 경우는 위험하다. 이러한 상태를 갈등 (conflict, 콘플릭트)이라고 한다. **레빈**은 인간이 사회생활에서 겪는 **갈등을 3가지 유형**으로 나누어 고찰했다.

❷ 회피(-)와 회피(-)의 충돌

둘 모두 피하고 싶은데,
하나를 해결하면
다른 한쪽에 빠져버리는 상태

노력하고
싶지 않지만
불합격은
싫어

+와 +의 갈등보다
갈등에서 벗어나기
어렵다고 한다

+ 와 - 유인

❸ 접근(+)과 회피(-)의 충돌

하나의 목표가 매력적인 면과 그렇지 않은 면을
갖고 있기 때문에 실행에 옮길 수 없는 상태

회식은
즐겁지만
다음날이
괴롭다

이외에
'먹고 싶지만 살찌고 싶지 않다',
'결혼하고 싶지만 부자유는 싫다' 등

주변인 marginal man

의 미	어린이도 어른도 아닌 청년기 사람들
문 헌	〈도시〉(파크)
메 모	서로 다른 문화의 경계에 사는 사람들을 가리키는 파크의 사회학 용어를 레빈이 아이도 어른도 아닌 청년기의 심리에 적용했다

레빈 등
P023

사회학자 **로버트 E. 파크**(1864~1944)는 여러 문화가 공존하는 사회에서 그 어떤 문화권에 완전히 동화하지 못하고 여러 문화에 **불완전**하게 속하는 사람들을 주변인(마지널 맨)이라고 불렀다.

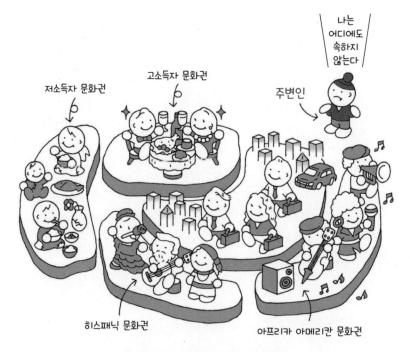

주변인은 파크가 제창한 사회학 용어이지만,
나중에 레빈이 심리학에 응용했다

이민자 등의 **주변인**은 어느 문화권에 명확하게 속하지 않기 때문에 자신에게 일관된 **정체성**을 발견하기 어렵다. 그러나 여러 문화의 틈새에 서서 각각의 문화를 객관적으로 파악할 수 있어 그들을 융합한 새로운 가치와 문화를 창출할 수 있다.

훗날 **레빈**은 **청년기**(12세~20대 초반) 특유의, 아이도 아니지만 성인이 되지도 못한 경계선에 있는 불안정한 존재라는 뜻으로도 **주변인(마지널 맨)**이라는 단어를 사용했다.

아노미 anomie

의 미	대불황과 대호황으로 규율이나 도덕이 결여되어 욕망이 비대해지고 심리적 혼란에 빠지는 상태
문 헌	《자살론》(뒤르켐)
메 모	아노미는 그리스어로 무질서 상태라는 뜻

뒤르켐
P019

차례차례 계속해서 생겨나는 **욕망**은 일반적으로 사회의 규범과 도덕에 의해 억제되고 있다. 하지만 대불황 또는 경제의 급속한 성장기 등으로 사회가 혼란하면 규범과 도덕이 작동하지 않아 사람들의 욕망은 끝없이 비대해진다. 이 상태를 아노미라고 한다.

욕망이 끝없이 부풀어버리면 그 욕망을 실현하는 수단이 없기 때문에 좌절, 초조, 절망 등에 휩싸여 혼란 상태가 되고, 그 결과 아노미적 범죄와 **아노미적 자살**(p.230)을 초래할 수 있다고 **뒤르켐**은 생각했다. 사회 정세가 변화하기 쉬운 현대는 **아노미의 시대**라고 할 수 있다.

아노미적 범죄와 아노미적 자살 ❶ (호황 → 대불황)

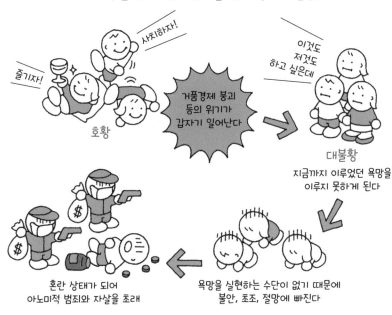

아노미적 범죄와 아노미적 자살 ❷ (불황 → 대호황)

자살의 4가지 유형

뒤르켐
P019

문 헌 〈자살론〉(뒤르켐)
메 모 뒤르켐은 ❶ 자기 본위적 자살 ❷ 집단 본위적 자살, ❸ 아노미적 자살 ❹ 숙명
적 자살이 각각 대립한다고 생각했다

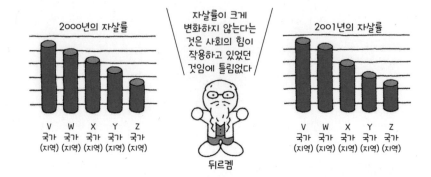

각국의 자살률 순위와 수치는 매년 크게 변화하지 않는다. 만약 **자살**이 오로지 개인적인 행위라고 하면, 각국의 자살률 수치와 순위는 연도에 따라 크게 달라질 것이다. 거기에는 개인의 심리를 넘어선 **사회**의 힘이 작용하고 있다고 생각된다. **뒤르켐**은 개인 사정을 초월한 자살을 초래하는 사회적 요인을 자기 본위적 자살, 집단 본위적 자살, 아노미적 자살, 숙명적 자살의 4가지로 분류했다(자살의 4가지 유형).

❶ 자기 본위적 자살(새로운 유형의 자살)
집단의 관계가 약한 사회에서 발생하는 자살

❷ 집단 본위적 자살

집단과의 관계가 너무 강한 사회에서 발생하는 자살

책임을 지고 자살하자

회사

모두에게 폐를 끼쳐 버렸다. 자살하자

지역 사회

❸ 아노미적 자살

대불황에 절망하거나
반대로 대호황 시에 욕망을 제어하지 못해
발생하는 자살(아노미, p.228)

가치관을 따라갈 수 없다. 자살하자

사회 정세가 크게 변화하는 시기

욕망을 억제할 수 없어. 자살하자

대호황 시

빚더미다. 자살하자

대불황 시

❹ 숙명적 자살(과거의 자살)

아노미와는 반대로 전통이나 관습 등으로
사람을 구속하는 힘이 너무 강한 사회에서
발생하는 자살

차별 같은 건 부조리하다. 자살하자

더 이상은 할 수 없어. 자살하자

사회가 자살의 원인이라면 그곳을 나올 수 있으면 (환경을 바꿀 수 있으면) 자살하지 않아도 된다

뒤르켐

사회는 사람들에게 자살을 강요할 정도의 힘을 가지고 **존재**한다고 뒤르켐은 생각했다.

응집성

의 미	집단이 통합하는 힘의 세기를 말한다
문 헌	〈자살론〉(뒤르켐)
메 모	응집성 연구는 레빈이 제창한 집단역학(p.220)의 주요 테마가 됐다

뒤르켐
P019

집단이 통합하는 힘의 세기를 **뒤르켐**은 응집성이라고 했다. **응집성**이 약한 사회에서는 개인이 자유로운 반면 외로움이 강해진다. 반대로 **응집성**이 강하면 외로움은 덜하지만 집단의 규범과 관습이 답답하게 느껴진다.

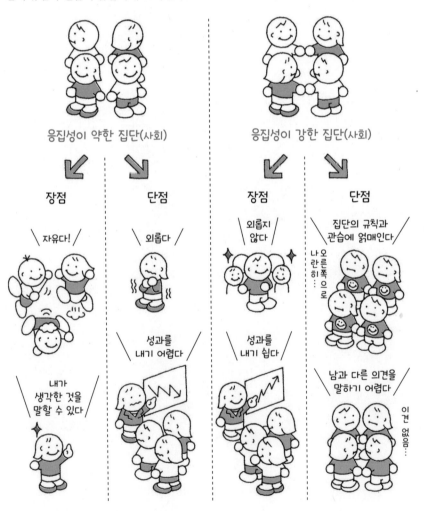

응집성이 약한 집단(사회)

응집성이 강한 집단(사회)

장점 — 자유다! / 내가 생각한 것을 말할 수 있다

단점 — 외롭다 / 성과를 내기 어렵다

장점 — 외롭지 않다 / 성과를 내기 쉽다

단점 — 집단의 규칙과 관습에 얽매인다 / 남과 다른 의견을 말하기 어렵다

단순노출(접촉) 효과

의 미 어느 대상을 여러 번 보는 사이에 그 대상에게 호의를 갖게 되는 것

메 모 단순노출(접촉) 효과는 제창한 자이언스의 이름을 따서 자이언스 효과라고도 한다

자이언스
P032

자주 가는 가게의 점원을 몇 차례 보는 사이에 점점 친근감을 갖게 되는 일이 있다. 또한 일상적으로 자주 듣는 말을 선호하는 경향이 있다. 이처럼 어떤 대상을 반복적으로 접하다 보면 그 대상에게 호의를 갖게 되는 것을 단순노출(접촉) 효과라고 한다.

단순노출(접촉) 효과
(자이언스 효과)

이번에 저거 마셔야지!

자주 보면 광고에 나오는 제품을 먹고 싶어진다

자주 가는 편의점 점원에게 호의를 갖게 된다

옆자리에 앉은 사람에게 호의를 갖게 된다

사람은 대상을 여러 차례 접하는 것만으로도 호의를 갖는다. 대상의 특성은 중요하지 않다

자주 보는 광고 회사에 호감을 갖게 된다

자이언스

매일 아침 보는 아나운서를 좋아한다

오늘의 날씨입니다

단순노출(접촉) 효과는 대상의 특성에 관계없이 작동한다. 따라서 이 효과를 이용한 광고 전략을 많은 기업에서 활용하고 있다.

드라이브 이론

의 미	주위의 기대를 받으면 힘이 촉진 또는 억제되는 것을 말한다
문 헌	〈사회적 촉진〉(자이언스)
메 모	실전에서 성공하나 실패하나는 평소에 연습을 거듭해서 얼마나 많은 성공을 했는지가 관건이다

자이언스
P032

주위의 기대를 받으면 한층 더 성능을 발휘하는 것을 사회적 촉진, 반대로 힘을 발휘하지 못하게 되는 것을 사회적 억제라고 한다. 두 가지 현상 모두 지배반응에 의한 것이라고 **자이언스**는 생각했다.

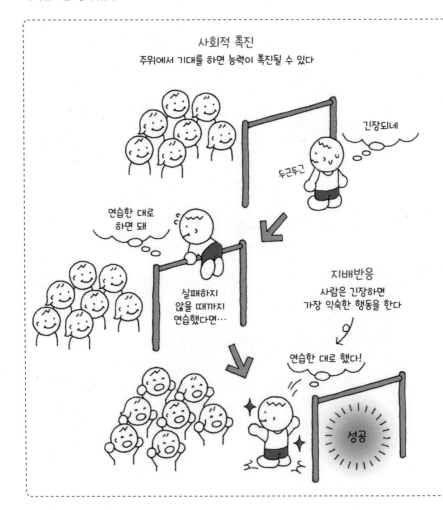

지배반응은 긴장하면 그때까지 가장 자주 하던 행동을 취하는 경향을 말한다. **지배반응**에 따라 사회적 촉진과 사회적 억제가 발생하는 현상을 드라이브 이론이라고 한다.

동조

의 미	주위에 맞춰 자신의 의사를 바꾸는 것
문 헌	〈사회심리학〉(애쉬)
메 모	폴란드 이민자인 유대인 애쉬는 독일 국민이 나치즘에 동조하는 심리를 연구했다

애쉬
P027

분명히 잘못된 의견일지라도 다른 사람 대다수가 찬성하면 자신도 그 의견에 동조할 수 있다. **애쉬**는 이것을 실험을 통해 증명했다.

동조행동 실험

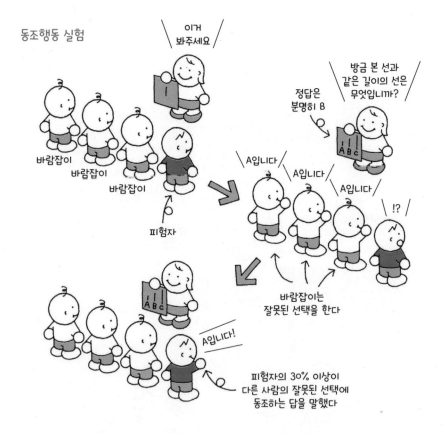

이 실험은 집단 속에서 다른 사람과 다른 행동을 하는 것이 얼마나 어려운지를 말해주고 있다. 개인의 의견은 의식적이든 무의식적이든 다수파에 흡수되어 버린다

집단압력

의 미	집단의 의견이나 행동에 동조하도록 개인에게 작용하는 힘
문 헌	〈사회심리학〉(애쉬)
메 모	애쉬는 실험 사회심리학을 확립하여 이후 밀그램의 복종 실험(밀그램 실험. p.264)에 영향을 줬다

애쉬
P027

미국으로 망명한 유대인 **애쉬**는 당시 독일 국민이 **나치즘**에 **동조**(p.236)하는 상황을 눈 앞에서 목격했다. 그는 집단에 **동조**하도록 작용하는 구속적인 힘을 집단압력이라고 부르고, **개인이 집단압력에 굴복하는 원리**(제일성의 원리)를 평생 연구 주제로 삼았다.

집단에 **동조**하는 **동조행동**은 자신을 집단으로부터 지키기 위한 **자기방어행동**이라고 할 수 있다. 그래서 **집단압력**에 대항하는 것은 매우 어렵다고 **애쉬**는 말한다.

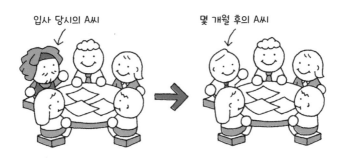

초두효과 primacy effect

의 미	첫인상이 전체의 인상을 결정짓는 현상
문 헌	〈사회심리학〉(애쉬)
메 모	초두효과는 가장 어필하고 싶은 세일즈 포인트를 먼저 말함으로써 사게끔 만드는 비즈니스 기술로 이용되기도 한다

애쉬
P027

애쉬는 한 인물의 특징을 몇 가지 제시하는 실험에서 모르는 사람에 대한 인상이 어떻게 **형성**되는지를 조사했다. 그 결과 특징이 제시되는 **순서**가 인상 형성에 큰 영향을 미치는 것을 발견했다.

좌우의 성격 목록 내용은 동일하지만 순서가 다르다.
애쉬는 처음에 제시된 정보가
전체의 인상을 결정한다는 사실을 밝혀냈다

A씨는
조금 질투가 심하지만
지적이고
근면하구나~

A씨의
성격은
지적이고
근면하고
충동적이고
비판적이고
고집이 세고
질투가 심하다

A씨의
성격은
질투가 심하고
고집이 세고
비판적이고
충동적이고
근면하고
지적이다

A씨는 근면하지만
질투가 심하고
고집이 세구나~

A씨

처음에 제시된 정보가 전체의 인상을 결정짓는 현상을 초두효과라고 한다. **초두효과는 첫 인상**의 중요성을 말해준다.

	중심어
애쉬 P027	의 미　인물에 대한 인상이 형성될 때 중심적인 역할을 하는 말 문 헌　〈사회심리학〉(애쉬) 메 모　인상 형성에 있어 핵심 특성(단어)은 문화와 개인에 따라 다르다. 스테레오 타입 (p.192)이 강한 사람은 중심어에 민감하다

한 인물에 대한 **인상**이 **형성**될 때, 예를 들어 '따뜻하다' 또는 '차갑다'라는 정보는 다른 정보보다 중요시된다. 이러한 중심적인 역할을 하는 말을 **애쉬**는 중심어라고 불렀다.

그리고 **중심어**가 형용하는 특성이 다른 특성을 무시할 뿐 아니라 의미도 바꿔버리는 효과를 중심적 특성 효과라고 한다.

최신효과

의 미	마지막으로 알려진 정보가 전체의 인상을 결정하는 현상	
메 모	최신효과는 고객이 제품에 관심을 보이고 있는 경우, 가장 강하게 어필하려는 세일즈 포인트를 마지막으로 말함으로써 사게 만드는 비즈니스 기술로 이용되기도 한다	

앤더슨
P033

앤더슨의 모의재판 실험

앤더슨은 실제로 있었던 사건을 바탕으로 모의재판을 실시했다

피고인에게 불리한
[1]~[6]의
6가지 증언이 있다

검사

피고인에게 유리한
[A]~[F]의
6가지 증언이 있다

변호사

피고

배심원

앤더슨은 **마지막**으로 인지한 정보가 전체의 인상을 결정하는 경우가 있다는 사실을 발견했다. 이것을 최신효과라고 하며, **애쉬**(p.027)가 제창한 **초두효과**(p.238)와는 반대의 성질을 나타낸다.

케이스 ①

증언 [1]
증언 [2]
검사

증언 [A]
증언 [B]
변호사

증언 [3]
증언 [4]
검사

증언 [C]
증언 [D]
변호사

증언 [5]
증언 [6]
검사

증언 [E]
증언 [F]
변호사

검사와 변호사가 교대로 2개씩 증언한다

마지막으로
변호사가 증언

변호사가
맞아!

피고인은
무죄야!

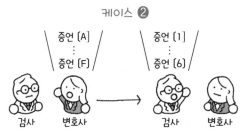

케이스 ❷

증언 [A]
⋮
증언 [F]

증언 [1]
⋮
증언 [6]

검사   변호사   →   검사   변호사

변호사가 6개를 모두 증언한 후 검사가 6개를 모든 증언한다

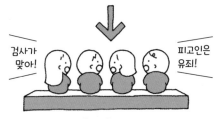

검사가 맞아!

피고인은 유죄!

케이스 ❶과 ❷ 모두 배심원은
마지막으로 증언한 쪽에 유리한 결론을 내렸다

인상 형성(p.238)에는 대상에 미리 강한 관심이 있는 경우는 **최신효과**가, 대상에 관심이 적은 경우는 **초두효과**가 효과적이라고 여겨진다.

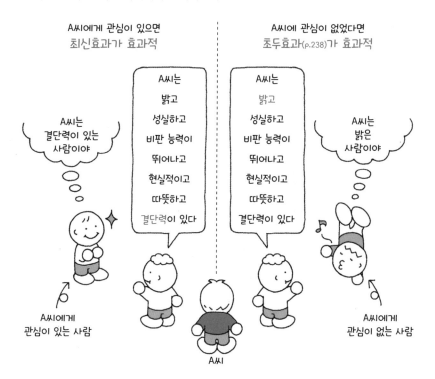

A씨에게 관심이 있으면
최신효과가 효과적

A씨에 관심이 없었다면
초두효과(p.238)가 효과적

A씨는
결단력이 있는
사람이야

A씨는
밝고
성실하고
비판 능력이
뛰어나고
현실적이고
따뜻하고
결단력이 있다

A씨는
밝고
성실하고
비판 능력이
뛰어나고
현실적이고
따뜻하고
결단력이 있다

A씨는
밝은
사람이야

A씨에게
관심이 있는 사람

A씨에게
관심이 없는 사람

A씨

권위주의적 성격

의 미	다수파와 권위를 받아들여 소수를 배제하는 사회적 성격
문 헌	〈자유로부터의 도피〉(프롬)
메 모	유대인 프롬은 독일 국민에게 파시즘이 침투한 원인을 정신분석(p.104)으로 고찰하는 데 평생을 보냈다

프롬
P025

현대인은 전통적이고 봉건적 속박에서 해방되어 자유를 손에 넣었다. 그러나 그 결과 사람들은 다양한 유대에서 분리되어 자신의 삶을 혼자서 결정하지 않으면 안 된다. 이러한 불안과 외로움에 견디지 못하게 되면, 사람은 자신을 속박하는 권위를 자진해서 받아들인다. 이러한 성격을 권위주의적 성격이라고 한다.

현대인은 자유를
손에 넣었는데…

종교적인 속박

와!
현대가 되니
이러한 속박이
없어졌다!

봉건적인 속박

유대

집안

가족적인 속박

7시 기상!

전통적인 속박

마을의
계명

지역적인 속박

프롬은 나치즘 시대의 독일인을 정신분석(p.104)으로 연구하여 당시 사람들에게 권위주의적 성격이라는 사회적 성격(p.244)을 발견했다. 독일 국민이 나치즘에 심취한 이유는 사람들이 자유로웠기 때문이라고 그는 말한다.

사회적 성격

의 미	특정 사회 집단이나 문화 속에서 형성되는 성격적인 경향
문 헌	〈자유로부터의 도피〉(프롬)
메 모	사회적 성격은 비생산적인과 생산적인 성격이 있다. 비생산적인 성격은 수동적, 착취적, 저장적, 시장적인 성격으로 나뉜다

프롬
P025

프롬은 사회와 문화가 개인의 생각이나 성격에 어떻게 영향을 미치는지를 고찰했다. 그리고 소속된 사회의 정치와 경제 구조에 영향받아 완성되는 성격을 사회적 성격이라고 했다. **사회적 성격**은 비생산적인 성격과 생산적인 성격이 있다.

비생산적 성격
프롬은 비생산적인 성격을 ❶~❹의 4가지 유형으로 나눴다

❶ 수동적인 성격 (자세)
자신이 원하는 것은 모두 다른 사람으로부터 주어지는 것이라고 느낀다.
항상 사랑받는 것을 요구하고 타인의 판단에 의지하려고 한다

❷ 착취적인 성격 (자세)
자신이 갖고 싶다고 생각하는 것은
모든 다른 사람으로부터 빼앗아야 얻어지는 것이라고 느낀다

❸ 저장적인 성격 (자세)
타인을 신뢰하지 못하고 자신의 주위에 벽을 만들어 소중한 것을 지키려고 한다

❹ 시장적인 성격 (자세)
자신과 다른 사람을 포함한 모든 사물을 경제적(양적) 가치로 바꿔서 평가한다.
현대 사회에는 가장 많은 유형이라고 여겨진다

생산적 성격
적극적으로 자신의 역할에 맞게 창조적이며 생산적인 일을 한다.
그리고 다른 사람에 대한 애정과 신뢰를 갖고 그들의 성장을 도우려고 한다

예언의 자기성취

의　미　예언된 일의 영향으로 실제로 예언대로 되는 것

문　헌　〈사회이론과 사회구조〉(머튼)

메　모　재해 시에 화장지 등을 사재기하는 현상은 종종 예언의 자기성취. 이 생각은 낙인이론(p.248)에 영향을 미쳤다.

머튼
P029

이렇다 할 근거 없이 '○○는 좋아질 거'라고 생각하면 실제로 좋아지고 '○○은 나빠질 거'라고 생각하면 실제로 나빠질 수 있다.

이러한 현상은 인간 사회 특유의 것으로, 자연계에서는 발생하지 않는다. 핼리 혜성의 궤도를 **예언**(예측)해봤자 실제의 궤도에는 아무런 영향을 미치지 않을 것이다. 그러나 인간만은 다른 사람이나 자신의 **예언**에 따라 자신의 행동을 결정하게 되므로 결과적으로 **예언**대로 사태가 일어나고 만다. **머튼**은 이것을 예언의 자기성취라고 했다.

라벨링 이론

의 미	사람이 사람에게 딱지를 붙이고 평가하는 과정과 그 영향에 주목하는 것
문 헌	〈아웃사이더〉(베커)
메 모	긍정적인 효과를 낳는 라벨링을 피그말리온 효과(p.202), 부정적인 효과를 가져오는 라벨링을 스티그마(p.250)라고 한다

베커
P035

베커는 범죄 등의 일탈 행동을 한 사람에게 주목하지 않고 일탈 행동을 한 사람에 대해 주위가 '이 사람은 일탈자'라는 **라벨(꼬리표)**을 붙이는 **과정(라벨링)**에 주목했다. 이런 생각을 라벨링 이론이라고 한다.

아내 이외의 사람과 관계를 갖는 행위는…

현대사회 · 과거 · 일부다처제 국가

불륜이다! 괘씸하다! / 첩인가? 고귀한 분이네 / 제도이기 때문에 당연하다

일탈 라벨링 있음 / 일탈 라벨링 없음 / 일탈 라벨링 없음

일탈은 행위 자체에 부수되는 게 아니라 주위의 의식 속에 있다

일탈(범죄와 불량)은 행위 자체에 부수되는 것이 아니라 주위(사회)의 의식 속에 있다.

그러므로 '무엇이 일탈인가?'는 시대와 사회에 따라 항상 변화한다. 일단 주위가 일탈이라는 **라벨**을 붙이면 라벨이 붙은 사람은 일탈자로서의 정체성을 구축해버려 일탈 행동이 더욱 폭주한다.

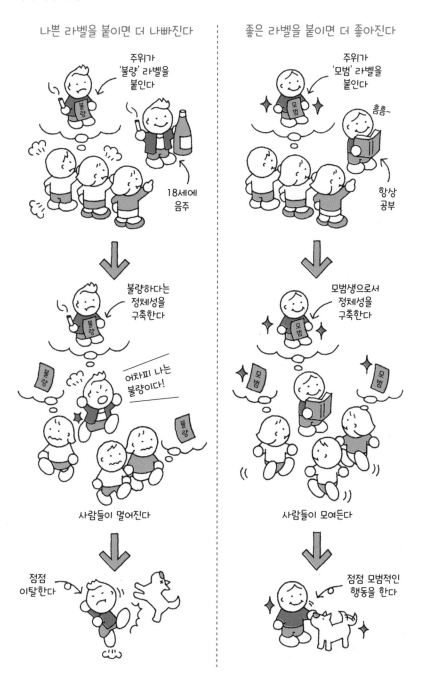

스티그마(낙인)

의 미	사회에서 벗어났다고 간주되는 이미지의 딱지
문 헌	〈스티그마〉(고프만)
메 모	고프만은 부정적 효과를 낳는 라벨링을 스티그마(낙인)라고 부르고, 그것이 차별과 편견, 배척을 만들어낸다고 했다

고프만
P032

라벨링(p.248)에는 좋은 이미지의 **라벨**과 나쁜 이미지의 **라벨**이 있다. 이 중 사회로부터 일탈한 것으로 간주되는 나쁜 이미지의 **라벨**을 **고프만**은 특히 스티그마(낙인)라고 불렀다.

고프만에 따르면 주위와 다른 특징이나 특성을 가진 사람이 차별받는 경우, 그 특징 자체는 **스티그마**가 아니다. 그 특징에 의해서 사람들로부터 기피당하는 상황을 낳는 요인이 **스티그마**이다.

특징이나 속성 자체가 스티그마는 아니다.
따라서 스티그마를 가진 자는 존재하지 않는다.
'낙인을 찍다'라고 하면 어떤 사회관계 속에서 어떤 특징이나 특성을 차별하는 것

스티그마는 **사회**가 만들어낸다. 따라서 **낙인**찍힌 사람이나 집단에 대한 편견을 사회가 인정하고 있는 일이 있다.

드라마트루기(극작술)

의　미	사람은 사회 속에서 배우처럼 자신의 역할을 연기하고 있다는 관점에서 인간 심리를 탐구하는 방법
문　헌	〈자아연출의 사회학〉(고프만)
메　모	자기는 그 자리의 상황에 맞게 역할을 바꾸고 끊임없이 변화하고 있다

고프만
P032

우리는 종종 다른 사람에게 좋은 인상을 주는 행동을 의도적으로 한다. 이러한 행동을 자기정시(自己呈示) 또는 인상조작이라고 한다. 이 행동을 **연기**라고 받아들여 일상생활을 무대라고 보고 **연기를 하는 사람**들을 고찰하는 것이 드라마트루기 시점이다.

드라마트루기의 시점에서 본 학교

질문에 대답하거나 학생들에게 주의를 준다

앉아 조용히 이야기를 듣는다

때로 선생님이 틀려도 가만히 있는다

선생님다운 복장

선생은 선생의 역할을 연기한다

학생은 학생의 역할을 연기한다

의도적으로 불량 학생을 연기하고 있는 경우도 있다

만약 선생님과 학생들이 그들답지 않은 행동을 하거나 복장을 하면, 수업, 학교라는 장(場)이 성립되지 않는다

아아~

와와~

와~!

역할 거리

자녀의 가출과 같이
자신의 역할에 저항하는 것을
역할 거리라고 한다

일상의 연기는 자신을 마음대로 보이고 싶다는 개인적인 욕망만을 위해 있는 것이 아니다. 상사와 부하, 선생님과 학생 등 서로가 자신의 역할에 따라 행동을 함으로써 직장이나 수업 등 자신이 위치한 장의 질서를 성립시키고 있다. 우리는 **연기자**로서 또 연기를 받아들이는 **청중**으로서 상호작용을 반복하면서 사회를 유지하고 있다.

의례적 무관심

엘리베이터 같이
부자연스러운 상황에서
우리들은 타인을 의식하지 않는 척
연기를 함으로써 그 자리의
평온을 유지하고 있다

우리는 종종 붐비는 전철이나 엘리베이터에서 서로 맞닿아 있는 타인을 의식하지 않는 것처럼 연기를 한다. 이러한 의례적 무관심도 일상의 질서를 유지하는 요인 중 하나다.

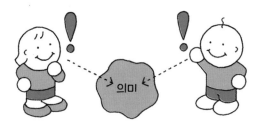

사람들이 사물의 의미를 해석하고 이를 기반으로 상호행위를 함으로써
사회는 성립된다고 하는 드라마트루기 시점은 상호작용론이라고도 불린다

사회적 교환이론

의　미	모든 인간관계와 사회적 행동의 원리는 교환이라는 생각
문　헌	〈사회행동〉(호만스)
메　모	교환 과정은 조작적 조건형성(p.074)에 기반한 강화이론에 의해 기술된다는 특징이 있다

호만스 등
P028

사회학자 **호만스**는 모든 인간관계와 사회적 행동은 파고들면 교환이라고 생각했다. 예를 들어 A씨가 B씨에게 비싼 선물을 줬을 때 B씨가 기뻐하며 미소를 지었다고 하자. 이 선물과 미소의 **교환**에서 A씨는 고액의 돈을 지불하는 에너지를 소비한 것이다.

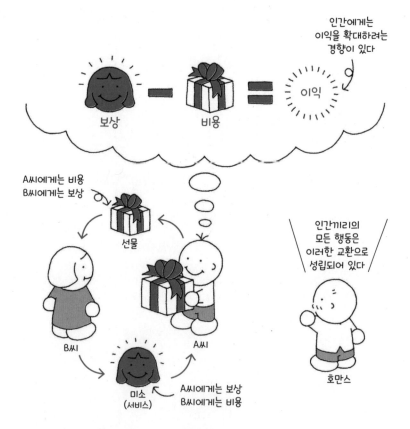

모든 인간관계와 사회적 행동의 근본 원리는 이러한 **교환**이라고 하는 생각을 사회적 교환이론이라고 한다. 그리고 **교환** 시에 지불하는 가치는 (심리적) 비용, A씨가 만족을 얻은 B씨의 미소는 (심리적) 보상, A씨와 B씨 모두가 얻은 것은 (심리적) 이익이라고 불린다.

호만스와 마찬가지로 **사회적 교환이론**을 전파한 **U. G. 포어**(1916~1990)와 **E. B. 포어**(1937~)는 교환되는 것(보상·비용)은 구체적으로 **애정, 서비스, 물품, 돈, 정보, 지위**의 6가지라고 생각했다.

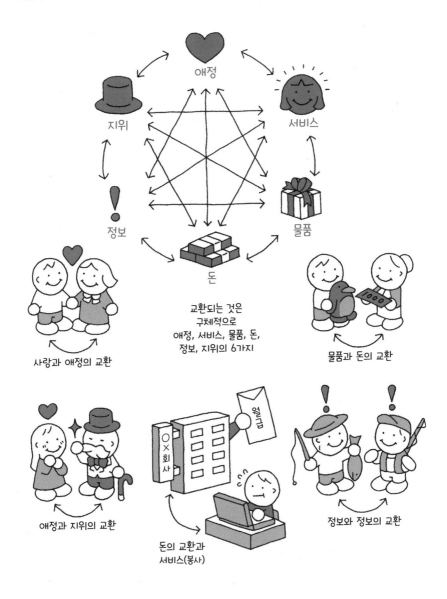

교환되는 것은
구체적으로
애정, 서비스, 물품, 돈,
정보, 지위의 6가지

사랑과 애정의 교환

물품과 돈의 교환

애정과 지위의 교환

돈의 교환과
서비스(봉사)

정보와 정보의 교환

사회적 교환이론에 따르면 인간의 심리는 가능한 한 낮은 비용으로 최대한 큰 보상을 얻으려는(이익을 극대화하려는) 경향이 있다. 그리고 모두가 그 심리적 경향에 무의식적으로 따름으로써 사회가 성립하고 있다고 한다.

소수영향 minority influence

의 미	다수의 의견을 변화시키는 소수자의 영향
문 헌	〈다수를 바꾸는 소수의 심리학〉(모스코비치)
메 모	마이너리티 인플루언스에는 모스코비치의 아래로부터의 혁신 외에 E. P. 홀랜더 가 제창한 위로부터의 혁신이 있다

모스코비치 등
P033

회의에서는 일반적으로 **다수**의 의견이 통과한다. 그런데 때로 **소수**의 의견이 다수를 뒤흔든다. 혁신적인 발상은 **소수**의 의견에서 생기는 일이 많기 때문이다. **소수**의 의견이 **다수**에 영향을 미치는 것을 소수영향이라고 한다.

소수영향에는 **모스코비치**가 제창한 아래로부터의 혁신 외에 **E. P. 홀랜더**(1927~)가 제창한 위로부터의 혁신이 있다.

소수영향
❷
홀랜더의
위로부터의 혁신

그 사람은 과거 이 회사에 크게 공헌했다

과거에 활약한 사람

저 사람은 먼가 생각이 있어서 말하는 거다. 해보자

합시다!

신뢰받는 사람의 의견은 소수 의견이라도 지지된다

소수영향은 **소수자**가 신념을 가지고 의견을 발신하면 **다수자**가 확신할 때 효력을 발휘한다. 이때 **다수자**는 **집단압력**(p.237)이 아닌 자신의 의지로 **소수 의견**에 동의한다.

좋아, 협력할게

합시다!

이 사람은 신념을 갖고 있다

사람은 신념을 가진 의견에는 자진해서 동의한다

믿어 보자

해보자!

홀랜더   모스코비치

방관자 효과

의 미	방관자의 존재에 의해 원조적 행동이 억제되는 것
문 헌	〈냉담한 방관자(The unresponsive bystander)〉(라타네)
메 모	방관자 효과와 비슷한 개념으로, 링겔만(p.019)이 제창한 링겔만 효과(사회적 태만)가 있다

라타네
P037

1964년 어느 날 자정, 뉴욕의 주택가에서 한 명의 여성이 살해되고 말았다. 이때 아파트에서 목격자가 많았음에도 불구하고 누구 한 사람 그녀를 도우려고 하지 않았다. 라타네는 자신 이외에 많은 목격자가 있을 때 자신이 도움을 주지 않아도 누군가가 도울 것이라는 심리가 작용한다고 생각했다. 이를 방관자 효과라고 한다.

큰일이다! 하지만 이렇게 많은 사람들이 보고 있으니까 괜찮아

분명 누군가가 도울 거야

도와주세요

누군가가 신고하겠지

이렇게 많은 목격자가 있으니 안심이다

키티 제노비즈 사건
1964년 심야, 키티 제노비즈라는 여성이 뉴욕의 주택가에서 살해되는 사건이 일어났다.
이때 누구 한 사람 그녀를 도우려고 하지 않았다.
라타네는 많은 구경꾼들이 있었기에 키티가 살해됐다고 생각했다

제대로
돕지 못하면
어쩌지

창피하고
비난당할지도…

평가 우려
원조적 행동이 실패한 경우에
주위의 눈을 의식한다

나 혼자라면
돕겠지만…

사람이
쓰러져 있다

모두 돕지
않는 걸 보니
큰 문제가 있는 건
아니겠지

이렇게 많은
사람이 있으니까
누군가 돕겠지

다원적 무지
아무도 도와주지 않는 상황을 보고
큰일이 아니라고 판단한다

책임 분산
주위에 많은 사람들이 있음으로 해서
개인의 책임감이 저하한다

방관자 효과가 일어나는 이유는 주위에 많은 사람들이 있음으로 해서 개인의 책임감이 저하하는 책임 분산, 아무도 도와주지 않는 상황을 보고 큰일이 아니라고 판단하는 다원적 무지, 제대로 돕지 못했을 경우 주위의 눈을 의식하는 평가 우려가 있다. 도움을 요청할 때는 '누군가'가 아니라 한 사람에게 초점을 맞추는 것이 효과적이다.

죄송한데,
거기 당신이
저 좀
도와주세요

나밖에
없다!

특정 사람에게
도움을 요청하자

자신밖에 도울 사람이 없다는
의식을 갖는 것도 중요

사회충격이론

의　미　도움을 받으려는 사람의 심리에 대인 임팩트가 영향을 준다는 설
문　헌　〈사회적 충격의 심리학〉(라타네)
메　모　사람에게는 강한 대인 영향을 받는 것을 피하는 경향이 있다

라타네
P037

문제가 발생했을 때 가장 확실한 해결 방법은 그 분야의 전문가에게 문의하는 것이다. 그러나 종종 우리는 부적절하다는 것을 알면서도 전문가보다 먼저 친한 동료나 친구에게 상담한다. 훌륭한 사람에게 상담하면 **스트레스(대인 임팩트)**를 받기 때문이다. **라타네**는 이것을 사회충격이론이라고 했다. 도움이 필요한 때에도 사람들은 **스트레스**를 피하려고 하는 것이다.

사회 정체성 이론

의 미	자신이 누구인지를 속해 있는 집단에 요구하는 것
문 헌	〈소수들에 대한 사회심리학〉(타즈펠)
메 모	반대어는 개인적 정체성(자신이 누구인지를 집단이 아닌 개인의 경험이나 성격에 요구하는 것)

타즈펠
P030

사람은 때로 자신이 누구인지 자신의 **개인적**인 경험이나 성격에 요구하는 것이 아니라 소속된 **집단**에 요구하는 일이 있다. 이러한 **정체성**을 사회 정체성이라고 한다.

소속된 집단에서 높게 평가받으면
사회 정체성(자신의 정체성은 자신의 집단에 있다는 느낌)이 강해진다

사회 정체성은 자신의 집단에서 평가받으면 받을수록 강해진다.

단, 개인적인 **정체성**을 갖지 않고 **사회 정체성**만이 자신의 정체성이 돼버리면, **자신의 집단** 이외의 타인에 대한 차별로 이어지는 일이 있다.

내집단 편향

의 미	자신이 속한 집단을 긍정적으로 파악하려고 하는 마음의 작용
문 헌	〈사회집단 간의 차별〉(타즈펠)
메 모	자신의 가족이나 회사, 학교, 클럽의 동료, 자신의 출신지, 출신교, 거주지 사람들이 내집단이 된다

타즈펠
P030

자신이 소속하고 있다고 자각하고 있는 집단을 내집단, 그렇지 않은 집단을 외집단이라고 한다. 사람은 **내집단**에 대해 긍정적인 태도를 취하는 경향이 있다. 이것을 내집단 편향이라고 한다.

내집단(자신이 소속하고 있다고 자각하고 있는 집단)을 호의적으로 파악하려고 하는 마음의 움직임을 내집단 편향이라고 한다

가족이나 동료를 소중히 여기는 기분은 물론 중요하다. 그러나 외집단에 불신감을 갖게 되면…

VS

외집단

내집단

외집단에 대해 적대 감정을 갖는다

내집단 이외의 사람을 차별한다

쓰레기 투기와 차안에서 폐를 끼치는 행위 등 아는 사람이 보이지 않으면 뭐든 있을 수 있다

내집단 편향은 인간의 자연스러운 감정이라고 할 수 있다. 그러나 **내집단 편향**은 내집단 이외의 타인을 낮게 보는 감정으로 변화하여 편견과 차별을 만들 수 있다.

또한 사람은 **내집단** 구성원의 개성은 인정하지만, **외집단** 구성원은 모두 비슷하다고 인식하는 경향이 있다. 이것을 외집단 균질성 효과라고 한다. **외집단 균질성 효과** 또한 편견과 차별을 낳는 원인이 될 수 있다.

복종의 심리

의 미	권위에 굴복하고 자신의 의사에 반하는 행동을 취하는 것
문 헌	〈권위에 대한 복종〉(밀그램)
메 모	상사에 복종하는 자신은 자신이 아니라 상사의 대역이라고 생각하고 어떤 명령에도 따르는 것을 대리의 심리라고 한다

밀그램
P036

밀그램은 권위자의 명령에 대해 사람들이 어떻게 행동하는지를 조사하는 실험을 실시했다(밀그램 실험). 그 결과, 권위 있는 사람으로부터 지시를 받으면 대부분의 사람들이 잔인한 짓도 해버린다는 사실을 밝혀냈다(복종의 심리).

264

이 실험은 유태인 학살에 참여한 **아돌프 아이히만**(1906~1962)을 비롯한 나치 전범들의 심리를 검증하기 위해 수행됐다. 따라서 아이히만 실험이라고도 한다. **아이히만**을 비롯한 **나치** 전범은 결코 이상한 자들이 아니라 평범한 사람들이었다는 것을 알 수 있다.

작은 세상 효과 Small-world effect

의 미 인간과 인간의 관계가 6단계 내에서 연결된다는 설

메 모 '6단계 분리 이론'과 '작은 세상 효과'는 타인끼리의 연결을 다루는 소셜 네트워크 서비스(SNS)를 말할 때 자주 사용된다

밀그램
P036

'아는 사람의 아는 사람'을 **6단계** 거치면 전 세계의 누구에게라도 도달할 수 있다는 것을 6단계 분리 이론이라고 한다. **밀그램**은 이것을 실험으로 확인했다. 극히 적은 인원을 거쳐 전 세계 사람들이 연결되어 있는 이 현상을 작은 세상 효과라고 한다.

밀그램의 작은 세상 실험

266

사람은 **심리적**으로 실제보다 넓게 세계를 받아들이고 있음을 알 수 있다.

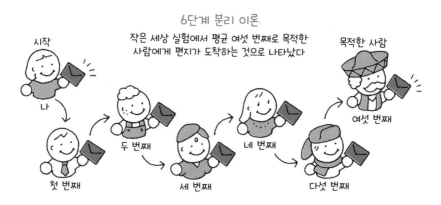

낯익은 타인 familiar strangers

의 미	몇 번 본 적이 있어도 직접적인 교류가 없는 사람
문 헌	〈사회적 세계에서 개인〉(밀그램)
메 모	밀그램은 사람마다 평균 4명의 낯익은 타인이 있다고 했다

밀그램
P036

출퇴근 지하철에서 자주 부딪히는 사람 등 몇 번 본 적은 있어도 말한 적이 없는 타인을 낯익은 타인(familiar strangers)이라고 한다. **낯익은 타인**은 알게 될 기회는 없지만, 서로 관심을 갖고 있는 관계에 있다고 **밀그램**은 생각했다. **낯익은 타인**은 재해가 일어나면 지원 행동에 나서기 쉬운 관계에 있다고 알려져 있다.

몰개성화 deindividuation

의 미	군중 속에서 자신의 개성이 매몰되어 버리는 상태	
문 헌	〈루시퍼 효과〉(짐바르도)	
메 모	몰개성화는 무책임하고 공격적인 행동을 일으킬 수도 있지만, 공동 작업을 하는 데 필요한 심리적 경향도 있다	

짐바르도
P036

짐바르도의 익명성과 공격성 실험

얼굴을 가린 선생님 역할의 피험자는
그렇지 않은 선생님 역할의 피험자보다 강한 벌을 학생 역할에게 내렸다

자신의 개성이 사회와 집단 속에 매몰되어 버리는 것을 몰개성화라고 한다. 사람은 **몰개성화**되면 사회에 대한 **역할 의식**이 희박해져 무책임하고 충동적인 행동을 일으키기 쉽다. 익명이 되면 사람은 **악마**(루시퍼)가 된다는 것을 **짐바르도**는 실험으로 확인했다.

몰개성화된 사람은 무책임하고 충동적

스탠포드 감옥 실험

의 미	짐바르도가 실시한 복종에 관한 모의 감옥 실험
문 헌	〈루시퍼 효과〉(짐바르도)
메 모	이 실험은 사회심리학의 연구 윤리를 생각케 하는 전환점이 됐다. 그러나 이 실험은 미리 짜고 했다는 설도 있다

짐바르도
P036

한 공간에 **권력**을 가진 자와 갖지 않은 사람이 함께 있으면 권력을 가진 자가 권력을 갖지 않은 자에 대해 폭력 행위를 시작한다는 것을 **짐바르도**는 실험으로 입증했다(스탠포드 감옥 실험). 특필해야 할 것은 개인의 성격에 관계없이 권력이 주어지면 그 사람의 이성이 파탄된다는 점이다.

스탠포드 감옥 실험

1971년 스탠포드 대학 심리학부에서 짐바르도의 지도로 이루어졌다.
이 실험에서, 인간의 행동은 성격이 아니라 처한 상황에 따라 결정된다는 사실이 밝혀졌다

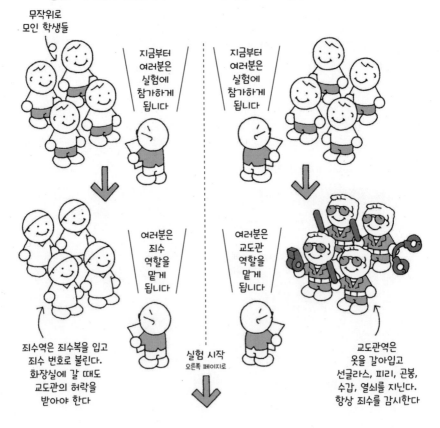

무작위로
모인 학생들

지금부터
여러분은
실험에
참가하게
됩니다

지금부터
여러분은
실험에
참가하게
됩니다

여러분은
죄수
역할을
맡게
됩니다

여러분은
교도관
역할을
맡게
됩니다

죄수역은 죄수복을 입고
죄수 번호로 불린다.
화장실에 갈 때도
교도관의 허락을
받아야 한다

실험 시작
오른쪽 페이지로

교도관역은
옷을 갈아입고
선글라스, 피리, 곤봉,
수갑, 열쇠를 지닌다.
항상 죄수를 감시한다

죄수 역할

앞으로 2주간
각자의 역할을
해주세요

교도관 역할

1번!
조용히 해!
2번!
웃지 마!

교도관 역할을 하는 사람은 처음에는
죄수 역할을 하는 사람에게 명령하는 것에
당황했지만 곧 죄수 역할을 하는 사람에게
역할 이상으로 권력을 휘두르게 됐다

교도관 역할을 하는 사람 중에는
얘기가 다르다고
항의하는 사람도 있었다…

교도관 역할을 하는 사람은 점점 고압적으로 변하고
죄수 역할을 하는 사람 중에는 정신적으로
이상해지는 사람도 나타나기 시작했다

실험은
중단한다

실험을 지속하는 것은 위험하다고 판단되어
2주일로 예정했던 실험은 6일 후에 중단됐다

실험이라는 것을
알고 있어도
사람은 권력을 가지면
지배적으로 변하고,
권력자에게는 복종한다

짐바르도

성격의 심리학

성격

메 모 　캐릭터(어원은 그리스어로 '새겨진 것'이라는 의미)는 태어날 때부터 타고난다는 뉘앙스가 강하다. 퍼스널리티(어원은 페르소나(가면))는 사회적 뉘앙스가 강하다. 그러나 성격, 기질, 퍼스널리티, 인격의 정의가 애매하다 보니 모두 성격이라고 부르는 일이 많다

학습 능력과 기억력 같은 **지능적인 측면**이 아니라 '**외향적이다, 참을성**이 많다'와 같이 **정서적 측면의 개성**은 기질이라고 하는 선천적 요인에 기초한다고 생각할 수 있다. 이 **기질**이 낳은 개인의 행동 경향을 성격(캐릭터)이라고 한다. 그리고 성격에 **사회적으로 획득한 성질**을 합한 것을 퍼스널리티 또는 인격이라고 한다.

유형론 | 특성론

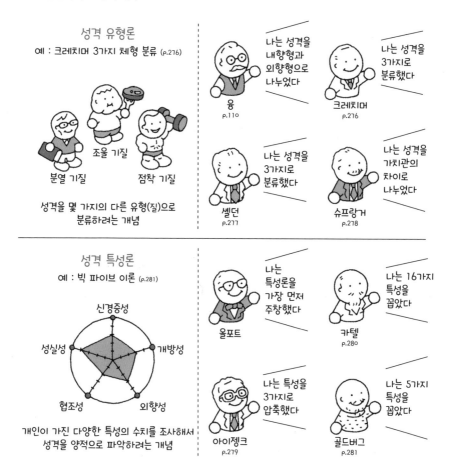

올포트 등
P024

의 미 성격을 질(質)로 분리하는 것이 유형론이고 양(量)으로 분리하는 것이 특성론. 특성이란 다양한 상황에서 나타나는 일관된 행동 경향을 말한다. 특성론에서는 성격을 특성의 집합체라고 생각한다

메 모 실증적인 학문으로서의 성격 분류는 특성론이 주류

개인의 **성격**을 이해하기 위한 개념은 심리학적으로 크게 2가지로 나눌 수 있다. 하나는 성격을 몇 가지의 다른 유형으로 분류하는 융(p.020) 등이 제창한 유형론. 또 하나는 **올포트**가 처음 제창한 특성론이다. **특성론**은 **사교성 = 4, 공격성 = 2, 성실성 = 5**와 같이 누구나 갖고 있는 **행동 경향**(특성)을 그 사람이 어느 정도 갖고 있는지를 조사해서 성격을 **양적**으로 파악하려는 생각이다.

성격 유형론

예 : 크레치머 3가지 체형 분류 (p.276)

조울 기질

분열 기질

점착 기질

성격을 몇 가지의 다른 유형(질)으로
분류하려는 개념

나는 성격을
내향형과
외향형으로
나누었다

융
p.110

나는 성격을
3가지로
분류했다

크레치머
p.276

나는 성격을
3가지로
분류했다

셸던
p.277

나는 성격을
가치관의
차이로
나누었다

슈프랑거
p.278

성격 특성론

예 : 빅 파이브 이론 (p.281)

신경증성

성실성

개방성

협조성

외향성

개인이 가진 다양한 특성의 수치를 조사해서
성격을 양적으로 파악하려는 개념

나는
특성론을
가장 먼저
주창했다

올포트

나는 16가지
특성을
꼽았다

카텔
p.280

나는 특성을
3가지로
압축했다

아이젱크
p.279

나는 5가지
특성을
꼽았다

골드버그
p.281

크레치머 3가지 체형 분류

의 미	성격의 중심을 기질(타고난 성질)이라고 보고, 성격(기질)은 체형과 관련해서 3가지 유형이 있다고 하는 유형론
문 헌	〈체격과 성격〉(크레치머)
메 모	성격과 체형에 의한 분류는 현재 지지를 받지 못하고 있다

크레치머
P023

정신분석 학자 **크레치머**는 자신의 임상 경험을 통해 조울증으로 진단받은 사람은 비만형이 많고 정신분열증인 사람은 마른형이 많다는 것을 알게 된다. 이러한 경향은 정상인에게도 적용할 수 있다고 생각하고 사람의 성격을 분열 기질, 조울 기질, 점착 기질의 **3가지 유형**(유형론 p.275)으로 분류하고 **체형**과의 관련성을 지적했다.

조울 기질
비만형은 쾌활하고 사교적이지만, 기분이 가라앉는 일도 자주 있다

비만형
반복한다
조증
울증

분열 기질
마른형은 온화하고 섬세하지만, 자신의 세계에 틀어박히는 경향이 있어 주위에 둔감한 면도 있다

마른 형
시냇물 소리가 들린다…
나는 나. 주위에서 일어나는 일에는 신경 쓰지 않는다
섬세하다
양면을 겸비하고 있다
둔감하다

점착 기질
근육질의 사람은 꼼꼼하고 성실하지만, 완고해서 폭발하고 화를 내는 일이 있다

근육질
성실하다
때로는…
폭발

배엽 기원설

의 미	체형과 기질에는 관련성이 있다는 유형론	
문 헌	〈The Varieties of Temperament〉(셸던)	
메 모	정신질환 환자에 기초한 크레치머의 3가지 유형에 대해 셸던은 정신질환이 없는 사람들을 대상으로 한 통계를 중요하게 여겼다	

셸던
P025

크레치머(p.023)의 **유형론**(p.275)을 더욱 발전시킨 것이 **셸던**이다. **셸던**은 실제로 4,000명의 남학생의 신체를 측정하고 체형을 내배엽형, 외배엽형, 중배엽형의 3가지 유형으로 나누고, 그에 해당하는 기질로 내장 긴장형, 두뇌 긴장형, 신체 긴장형을 들었다.

내장 긴장형
내배엽이 발달한
비만형은 소화기관 등
내장의 기능이 활발하다.
사교적이고 따뜻한 성격

비만형＝내배엽형

두뇌 긴장형
외배엽이 발달한
마른 형은 대뇌 등의
신경계 기능이 활발하다.
섬세하고 타인을
걱정하는 성격

마른형＝외배엽형

신체 긴장형
중배엽이 발달한
근육질의 사람은
골격이나 근육의 기능이
활발하다.
행동적이고 참을성이
강하다

근육질＝중배엽형

슈프랑거 P021	# 가치 유형

의　미　성격을 가치관의 차이로 분류하는 유형론
문　헌　〈인간의 유형들〉(슈프랑거)
메　모　독일의 사상가 슈프랑거는 사람을 그 사람의 삶이 무엇에 가치를 두고 있는지에
　　　　따라 6가지 유형으로 분류했다

유형론(p.275)의 대부분은 사람의 성격은 어느 정도 선천적으로 정해져 있다고 본다. 그러나 **슈프랑거**가 주창한 가치 유형은 후천적으로 형성되는 가치관의 차이로 사람의 유형을 분류했다. 가치관이 같은 사람끼리는 쉽게 이해할 수 있지만, 다른 사람끼리는 어렵다고 여겼다.

나는 진리 탐구에 가치를 두고 있다. 사물을 논리적으로 생각한다

① 이론형

나는 아름다움의 탐구에 가치를 두고 있다. 사물을 감정적으로 인식한다

② 예술형

나는 효율적인 것에 가치를 두고 있다. 손익 계산으로 사물을 생각한다

③ 경제형

나는 훌륭해지는 것에 가치를 두고 있다. 다른 사람을 지배하고 싶다

④ 권력형

나는 순수한 성인이 되는 것에 가치를 두고 있다. 종교에 관심이 있다

⑤ 종교형

나는 누군가에게 공헌하는 것에 가치를 두고 있다. 사랑이 전부이다

⑥ 사회형

성격의 3차원

의 미	성격 특성(요인)을 3가지 차원으로 파악하는 특성론
문 헌	〈모즐리 성격검사(MPI)〉(아이젱크)
메 모	아이젱크는 처음에 성격을 향성(向性)과 신경증성의 2차원으로 설명하지만 나중에 정신병자를 추가해서 3차원으로 했다

아이젱크
P030

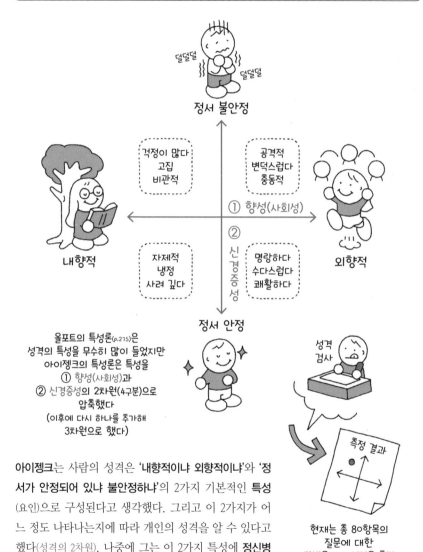

덜덜덜 덜덜덜

정서 불안정

걱정이 많다
고집
비관적

공격적
변덕스럽다
충동적

① 향성(사회성)

②
신경증성

내향적

자제적
냉정
사려 깊다

명랑하다
수다스럽다
쾌활하다

외향적

정서 안정

올포트의 특성론(p.275)은
성격의 특성을 무수히 많이 들었지만
아이젱크의 특성론은 특성을
① 향성(사회성)과
② 신경증성의 2차원(4구분)으로
압축했다
(이후에 다시 하나를 추가해
3차원으로 했다)

성격
검사

측정 결과

현재는 총 80항목의
질문에 대한
답변을 보고 성격을 측정
(MPI p.285)

아이젱크는 사람의 성격은 '내향적이냐 외향적이냐'와 '정서가 안정되어 있냐 불안정하냐'의 2가지 기본적인 특성(요인)으로 구성된다고 생각했다. 그리고 이 2가지가 어느 정도 나타나는지에 따라 개인의 성격을 알 수 있다고 했다(성격의 2차원). 나중에 그는 이 2가지 특성에 **정신병자**(조울증 - 정신분열증)라는 **특성**을 추가해서 **3차원**(3요소)으로 했다(성격의 3차원).

279

16가지 성격 요인 검사

의 미	표면 특성의 뒤에 16개의 근원 특성(지성, 지배성, 감정성, 모험성, 섬세성, 죄악성, 의심성, 교묘성, 긴장성 등 16인자)으로 성격을 파악하는 특성론
문 헌	〈성격의 과학적 분석〉(카텔)

카텔
P027

카텔은 외부에서 관찰할 수 없는 근원 특성(기본적 특성)을 밝혀내면 개인의 성격을 이해할 수 있다고 생각했다. 그는 **근원 특성**을 16가지로 꼽고 각각의 강도를 산출하여 성격을 측정했다(16가지 성격 요인).

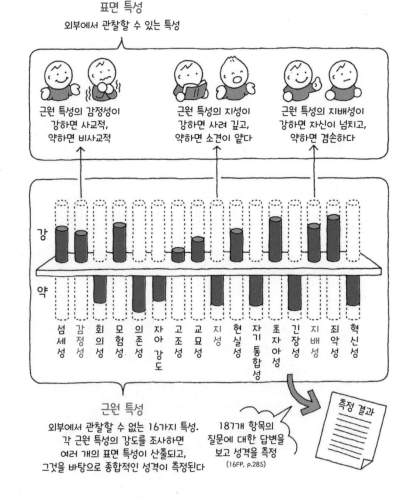

표면 특성
외부에서 관찰할 수 있는 특성

근원 특성의 감정성이
강하면 사교적,
약하면 비사교적

근원 특성의 지성이
강하면 사려 깊고,
약하면 소견이 얕다

근원 특성의 지배성이
강하면 자신이 넘치고,
약하면 겸손하다

강

약

섬세성 / 감정성 / 회의성 / 모험성 / 의존성 / 자아강도 / 고조성 / 교묘성 / 지성 / 현실성 / 자기통합성 / 초자아성 / 긴장성 / 지배성 / 죄악성 / 혁신성

근원 특성
외부에서 관찰할 수 없는 16가지 특성.
각 근원 특성의 강도를 조사하면
여러 개의 표면 특성이 산출되고,
그것을 바탕으로 종합적인 성격이 측정된다

측정 결과
187개 항목의
질문에 대한 답변을
보고 성격을 측정
(16FP, p.285)

빅 파이브 이론	

의 미	자신이 타인에게 어떻게 보일지를 상상해서 품은 관념
문 헌	〈표현형 성격 특성의 구조〉(골드버그)
메 모	빅 파이브 이론은 골드버그 외에 P. T. 코스타, R. R. 맛쿠레 등의 심리학자가 제창했다

골드버그 등
P035

특성론(p.275) 중에서 가장 많은 심리학자로부터 지지를 받는 것이 **골드버그** 등이 제창한 빅 파이브(5대 인자) 이론이다. 각각의 특성 인자는 외향성, 협조성, 성실성, 신경증성, 개방성의 **5가지**. 사람의 성격은 이들 5가지 특성 요인으로 구성되어 있다고 그들은 생각했다.

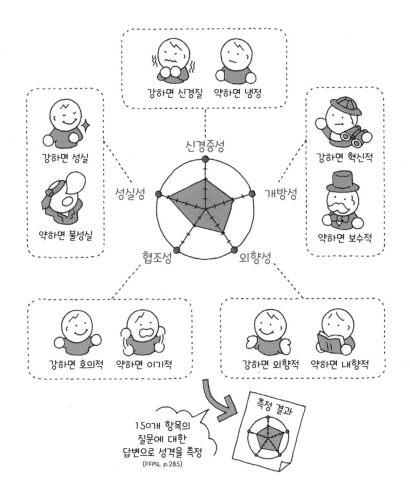

욕구불만 내성 frustration tolerance

의 미	욕구불만에 견디는 힘
문 헌	〈공격성과 PF 스터디〉(로젠윅)
메 모	욕구불만은 개인의 욕구가 억제되어 심리적으로 채워지지 않은 상태를 말한다

로젠윅
P028

뜻대로 되지 않는 것이 있어도 초조해하지 않고 견딜 수 있는 힘을 욕구불만(frustration) 내성이라고 한다. **욕구불만 내성**은 적당한 좌절을 경험하면 길러진다.

욕구불만 내성은
적당한 좌절을 반복하면
길러진다

어린이의 반사회적 행동은 **욕구불만 내성**이 낮은 경우에 발생하기 쉬운 것으로 여겨진다. 하지만 이 내성은 누군가가 자신을 소중히 여기고 있다는 사실을 실감하거나 자존심이 길러지면 강해진다.

로젠윅은 **욕구불만**에 대해 그 사람이 어떤 반응을 하는지를 조사하면 그 사람의 성격을 이해할 수 있다고 생각했다. **특성론**(p.275) 중에는 이처럼 하나의 **인자**(특성)에 주목하여 성격을 도출해내려는 시도도 있다.

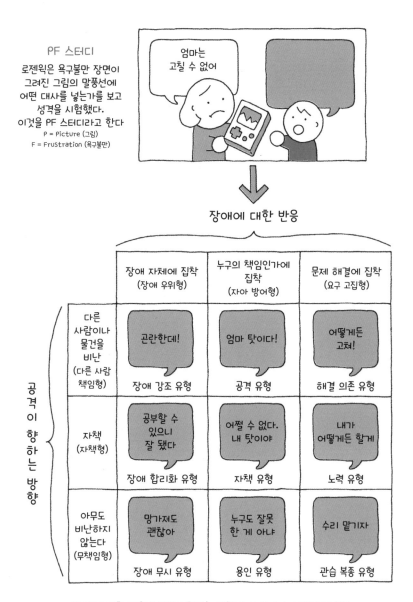

장애에 대한 반응과 공격이 향하는 방향에 따라 9가지 성격으로 분류

성격 검사

메　모　각각의 성격 검사에는 장점과 단점이 있다. 예를 들어 질문지법은 실천은 쉽지만 거짓 답변을 할 수 있다. 투영법은 답변을 속여도 의미는 없지만, 검사자에 따라서 진단 결과가 다르기 때문에 신뢰성과 타당성을 확인할 수 없다

로르샤흐 등
P021

성격을 객관적으로 파악하기 위해 성격 검사를 실시한다. 주요 **성격 검사**에는 ❶ 관찰법 ❷ 면접법 ❸ 작업 검사법 ❹ 질문지법 ❺ 투영법이 있다.

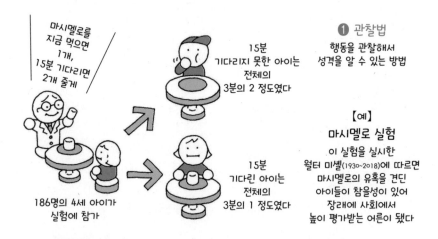

마시멜로를 지금 먹으면 1개, 15분 기다리면 2개 줄게

15분 기다리지 못한 아이는 전체의 3분의 2 정도였다

15분 기다린 아이는 전체의 3분의 1 정도였다

186명의 4세 아이가 실험에 참가

❶ 관찰법
행동을 관찰해서 성격을 알 수 있는 방법

【예】
마시멜로 실험
이 실험을 실시한 월터 미셸(1930~2018)에 따르면 마시멜로의 유혹을 견딘 아이들이 참을성이 있어 장래에 사회에서 높이 평가받는 어른이 됐다

❷ 면접법
카운슬러의 면담으로 성격을 알 수 있는 방법

회사는 어떻습니까?

가끔 자신이 없습니다

❸ 작업 검사법
계산이나 그림 따라 그리기 등의 작업 결과를 보고 성격을 분석하는 방법

15분간 간단한 덧셈 문제에 대해 답변한다

5분간 휴식

다시 덧셈을 계속한다

【예】
우치다 크레페린(Uchida-Kraepelin) 검사
한 사람 한 사람의 작업 곡선의 차이에서 성격을 알 수 있는 방법

❹ 질문지법

YES · NO 형식 등의 질문지 답변을 보고 성격을 측정하는 방법

【예 1】
주요 5인자 성격 검사
(FFPQ)

일본에서는 150항목의 질문에 대답하는 것이 많다

빅 파이브 이론(p.281)에 대응

【예 2】
야다베 길퍼드 성격 검사
(Y-G 성격 검사)

120항목의 질문에 답변

객관성, 협조성 등 12개로 분류된 길퍼드(p.024)의 특성론을 참고로 작성했다

【예 3】
모즐리 성격 검사
(MPI)

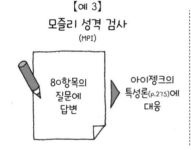

80항목의 질문에 답변

아이젱크의 특성론(p.275)에 대응

【예 4】
16가지 성격 질문지법 검사
(16FP)

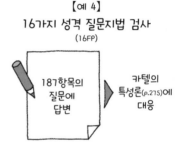

187항목의 질문에 답변

카텔의 특성론(p.275)에 대응

❺ 투영법

모양 등을 보고 떠올린 내용에 따라 성격을 탐구 방법

【예 1】
로르샤흐 테스트

좌우 대칭의 잉크 얼룩을 보고 무엇을 연상했는지에 따라 성격과 심층 심리를 탐구

【예 2】
P-F 스터디(p.283)

욕구불만 장면이 그려진 그림의 말풍선에 어떤 대사를 넣느냐를 보고 성격을 탐구

【예 3】
코흐의 바움(트리) 테스트

한 그루의 열매가 열린 나무 그림을 어떻게 그리는지를 보고 성격과 심층 심리를 탐색한다. 칼 코흐(1906~1958)가 체계화했다

포러(바넘) 효과

의 미	누구에게나 맞는 성격의 내용을, 자신에게만 해당하는 내용이라고 생각하는 것. 포러의 이름을 따서 포러 효과라고도 한다
메 모	버트넘 효과는 흥행사였던 P. T. 바넘의 선전 문구인 '어떤 사람이라도 즐길 수 있다'에서 따서 심리학자 미르가 명명한 용어

포러
P029

혈액형과 성격이 관련이 있다는 과학적인 연구 결과는 없다. 비록 혈액형 성격 분류를 믿는 사람이 많은 것은 이 **유형론**(p.275)이 맞는다고 느끼는 사람이 많기 때문이라고 생각된다. 여기에는 포러 효과라는 심리현상이 깊이 관련되어 있다.

포러의 포러 효과 실험

심리 테스트를 한다

심리학자 포러가 점 운세 글을 참고로 해서 진단 결과(모두에게 같은 문장)를 작성했다. 그것을 읽은 대부분의 피험자가 맞다고 대답했다

진단 결과
(실은 전원 같은 내용)

당신은 평소에는 쾌활하지만 내심 불안해질 때도 있다. 당신은 남들로부터 인정받고 싶어하면서도 자신을 비판하는 일이 있다. 당신은 스스로 약점을 극복할 수 있다. 당신은 아직 다 보이지 못한 재능이 있다. 당신은 자신의 생각을 갖고 있기 때문에 다른 사람의 의견을 바로 받아들이지는 않는다. 당신의 바람 중에는 비현실적인 것도 있다. 당신은….

맞아!

맞아!

맞아!

포러 효과는 누구에게나 맞는 성격의 내용을 자신에게만 적용되는 내용이라고 생각해버리는 것을 말한다. **포러**는 이 효과를 실험으로 증명했다(왼쪽).

또한 확증 편향이라는 **인지**의 왜곡도 혈액형 유형이나 각종 운세가 지지를 받는 원인이다. **확증 편향**은 자신이 믿고 있는 것에 대해 유리한 정보만을 모아 불리한 정보를 무시하는 인간 심리를 말한다.

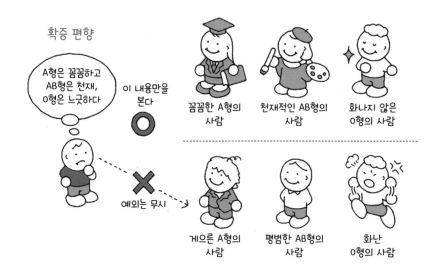

욕구 5단계설

의 미	사람의 욕구를 5단계로 분류하고 발달적인 계층 구조로 나타낸 설
문 헌	〈존재의 심리학〉(매슬로)
메 모	행동주의(p.072)와 정신분석(p.104)에 대해 매슬로 등은 개인의 주체성을 중요시 하는 제3의 심리학인 인간성 심리학을 제창했다

매슬로
P028

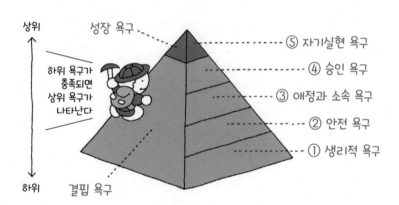

매슬로는 인간의 **욕구**를 **5단계**로 분류했다(욕구 계층 이론). 이 이론에 따르면, 가장 기본적인 욕구는 식욕 등 생리적 욕구이다.

① 생리적 욕구

그리고 **생리적 욕구**가 어느 정도 충족되면 안전 욕구가 생긴다.

② 안전 욕구

안전 욕구가 충족되면 가족이나 동료와의 친화 관계를 요구하거나 어떤 집단에 소속하고 싶은 애정과 소속 욕구가 생긴다.

③ 애정과 소속 욕구

애정과 소속 욕구가 충족되면 다른 사람에게 존경받고 싶고 존중받고 싶은 승인 욕구가 생긴다. 이 수준까지의 욕구는 물건을 손에 넣고, 다른 사람에게 인정받으면 마음의 긴장이 완화되고 충족된다.

④ 승인 욕구

이들 욕구가 충족되면 결국 더 창조적인 목적을 실현하려고 하는 자기실현 욕구(p.290)가 나타난다.

⑤ 자기실현 욕구

자기실현 욕구

의 미	자신 안에 있는 가능성을 최대한 개발하고 실현하는 것
문 헌	〈자기실현〉(매슬로)
메 모	자기실현을 위해 마음을 비우고 뭔가에 몰두할 때 체험할 수 있는 환희의 경험을 지고체험(peak experience)이라고 한다

매슬로
P028

예를 들어 처음에는 누군가에게 인정받고 싶어서 피아노를 쳤다고 해도 어느 정도 실력이 향상되면 피아노를 연주하는 것 자체가 즐거워진다. 그러면 더 아름다운 소리를 연주하고 싶고 더 창조적으로 표현하고 싶어진다.

그것은 자신의 정신을 성장시키고 싶어하는 요구이며, 타인의 평가에 의존하는 것은 아니다. 이러한 욕망을 자기실현 욕구라고 한다.

이어서

더 아름답게
더 창조적으로
더 감동적으로

자기실현 욕구

이윽고 타인의 평가보다
자신의 성장을 바라게 된다

자기실현 욕구는
인간의 욕구
5단계째에
나타난다
(p.288)

매슬로

자유자재다

지고체험

정신없이(아무 생각 없이)
뭔가에 몰두하고 있을 때
체험하는 환희의 경험을
지고체험이라고 한다

이것이 내가
살아가는 길

자기실현

매슬로는 인간의 궁극적인 욕구는 **자기실현 욕구**이라고 한다. 전력을 다해 무언가에 몰두하고 인생의 진정한 목표를 깨달았을 때, 지고체험을 통해 자기실현이 가능해진다고 **매슬로**는 주장한다.

참고 문헌

※출처는 본문의 각 타이틀 용어 아래에 〈문헌〉이라고 기재함

나카지마 요시아키·고야스 마스오·시게마스 카즈오·하코다 유지·안도 키요시·사카노 유지·다치바나 마사오 편 〈심리학 사전 心理学辞典〉 유히카쿠

오야마 타다스·후지나가 타모쓰·요시다 마사아키 편 〈심리학 소사전(유히카쿠 소사전 시리즈) 心理学小辞典(有斐閣小辞典シリーズ)〉 유히카쿠

야마기시 토시오 편 〈사회 심리학 키워드(유히카쿠소쇼 KEYWORD SERIES) 社会心理学キーワード(有斐閣双書 KEYWORD SERIES)〉 유히카쿠

모리 토시아키·추쬬 카즈미쓰 편 〈인지 심리학 키워드(유히카쿠소쇼 KEYWORD SERIES) 認知心理学キーワード (有斐閣双書KEYWORD SERIES)〉 유히카쿠

사카노 유지 편 〈임상 심리학 키워드(유히카쿠소쇼) KEYWORD SERIES) 臨床心理学キーワード(有斐閣双書 KEYWORD SERIES)〉 유히카쿠

우치다 노부코 편 〈발달 심리학 키워드(유비카쿠소쇼 KEYWORD SERIES) 発達心理学キーワード(有斐閣双書 KEYWORD SERIES)〉 유히카쿠

무토 타카시·엔도 유미·다마세 코지·모리 토시아키 〈심리학(New Liberal Arts Selection) 心理学(New Liberal Arts Selection)〉 유히카쿠

하코다 유지·츠즈키 타카시·카와바타 히데아키·하기와라 시게루 저 〈인지 심리학(New Liberal Arts Selection) 認知心理学(New Liberal Arts Selection)〉 유히카쿠

단노 요시히코·이시가키 타쿠마·모리 이부키·사사키 아츠시·스기야마 아키코 저 〈임상 심리학(New Liberal Arts Selection) 臨床心理学(New Liberal Arts Selection)〉 유히카쿠

이케다 겐이치·가라사와 미노루·쿠도 에리코·무라모토 유키코 저 〈사회 심리학(New Liberal Arts Selection) 社会心理学(New Liberal Arts Selection)〉 유히카쿠

사토 타츠야·와타나베 요시유키 저 〈심리학 입문 心理学 入門〉 유히카쿠

카메 타츠야·무라타 코지 저 〈복잡성에 도전하는 사회 심리학 複雑さに挑む社会心理学〉 유히카쿠

카시와기 시게오 저 〈성격의 평가와 표현 - 특성 5 요인 이론에서 접근 性格の評価と表現− 特性5因子論からのアプローチ〉 유히카쿠

나카지마 요시아키·하코다 유지·시게마스 카즈오 편 〈신·심리학의 기초 지식(유히카쿠 북스) 新·心理学の基礎知識(有斐閣ブックス)〉 유히카쿠

미치마타 치카시·기타자키 미치테루·오쿠보 마치아·이마이 히사토·야마카와 케이코·구로사와 마나베 저 〈인지 심리학 - 지식의 구조를 탐구 신판(유히카쿠 아르마) 認知心理学− 知のアーキテクチャを探る 新版(有斐閣アルマ)〉 유히카쿠

사토 타츠야야·다카스나 미키 저 〈흐름을 읽는 심리학 역사 - 세계와 일본의 심리학 流れを読む心理学史− 世界と日本の心理学〉 유히카쿠

고쿠후 야스타카 편 〈카운슬링 사전 カウンセリング辞典〉 세이신쇼보

시모야마 하루히코·엔도 토시히코·사이키 쥰·오츠카 유사쿠·나카무라 토모야스 편 〈세이신 심리학 사전 誠信心理学辞典〉 세이신쇼보

사이토 이사무 편 〈대인 사회 심리학 중요한 연구 집(1) 사회 세력과 집단 조직 심리 対人社会心理学重要研究集〈1〉社会的勢力と集団組織の心理〉 세이신쇼보

사이토 이사무 편 〈대인 사회 심리학 중요한 연구 집(2) 대인 매력과 대인관계 욕구의 심리 対人社会心理学重要研究集〈2〉対人魅力と対人欲求の心理〉 세이신쇼보

사이토 이사무 편 〈대인 사회 심리학 중요한 연구 집(3) 대인 커뮤니케이션의 심리 対人社会心理学重要研究集〈3〉

対人コミュニケーションの心理〉세이신쇼보

사이토 이사무 편 〈대인 사회 심리학 중요한 연구 집(4) 환경 문화와 사회화의 심리 対人社会心理学重要研究集 〈4〉環境文化と社会化の心理〉세이신쇼보

사이토 이사무 편 〈대인 사회 심리학 중요한 연구 집(5) 대인 지각과 사회적 인식의 심리 対人社会心理学重要研究 集〈5〉対人知覚と社会的認知の心理〉세이신쇼보

사이토 이사무·스가와라 켄스케 편 〈대인 사회 심리학 중요한 연구 집(6) 인간관계 속에서 자기 対人社会心理学 重要研究集〈6〉人間関係の中の自己〉세이신쇼보

사이토 이사무·가와나 요시히로 편 〈대인 사회 심리학 중요한 연구 집(7) 사회 심리학의 응용과 전개 対人社会心 理学重要研究集〈7〉社会心理学の応用と展開〉세이신쇼보

사이토 이사무 저 〈일러스트레이트 심리학 입문 제2판 イラストレート心理学入門 第2版〉세이신쇼보

사이토 이사무 편 〈도설 심리학 입문 제2판 図説 心理学入門 第2版〉세이신쇼보

우라 미츠히로·기타무라 히데야 편저 〈개인 속의 사회(전망 현대 사회 심리학 1) 個人のなかの社会(展望 現代の 社会心理学 1)〉세이신쇼보

오가와 가즈오 감수 〈개정 신판 사회 심리학 용어 사전 改訂新版 社会心理学用語辞典〉기타오지쇼보

이마죠 슈죠 저 〈설득의 리액턴스 효과 연구 조치 자유 침해의 사회 심리학 説得におけるリアクタンス効果の研究 －自由侵害の社会心理学〉기타오지쇼보

미야모토 소스케·오타 노부오 저 〈노출 효과 연구의 최전선 単純接触効果研究の最前線〉기타오지쇼보

오이시 치토세 저 〈사회적 정체성 이론에 의한 검은 양 효과의 연구 社会的アイデンティティ理論による黒い羊効 果の研究〉카자마쇼보

가와니시 치히로 저 〈인상 형성에 있어서 대인 정보 통합 과정『印象形成における対人情報統合過程〉카자마쇼보

이소가이 요시로 저 〈집단의 심리학 集団の心理学〉고단샤

카와이학원 KALS 감수, 미야카와 준 저 〈임상 심리사 지정 대학원 대책 철칙 10 & 키워드 100 심리학 편 臨床心 理士指定大学院対策 鉄則10 ＆キーワード100 心理学編〉고단샤

후지나가 타모츠 감수 〈최신 심리학 사전 集団の心理学〉헤이본샤

AndrewM. Colman 저, 나카 마키코 감수, 오카노야 카즈오·마사토 타이라·나카가마 히로코·구로사와 카오루· 다나카 미도리 편 〈심리학 사전 心理学辞典〉마루젠

가토리 히로토·스기모토 토시오·도리이 슈코 편 〈심리학 제4판 心理学 第4版〉도쿄대학출판회

Rudolf Steiner 저, 니시카와 류한 편역 〈인간의 네 가지 기질 - 일상 생활 속의 정신 과학 人間の四つの気質－日常 生活のなかの精神科学〉후토샤

야마우치 미츠야·하루키 유타카 편저 〈그래픽 학습 심리학 - 행동과 인지 グラフィック学習心理学－行動と認知〉 사이언스샤

오니시 히토시·스즈키 히로아키 편저 〈유사에서 본 마음 類似から見た心〉쿄리츠출판

오치 케이타 저 〈연애의 과학 - 만남과 이별을 둘러싼 심리학 恋愛の科学－ 出会いと別れをめぐる心理学〉실무교 육출판

진 노부히토 저 〈집단 내 보상 행동으로서의 내집단 편향 集団内互酬行動としての内集団ひいき〉현대도서

하시모토 시게루 저 〈교환의 사회학 - G·C·호만스 사회행동론 交換の社会学－ G·C·ホーマンズの社会行動論〉 세계사상사

Duncan J. Watts 저, 츠지 류헤이·도모치 마사키 역 〈스몰 월드 네트워크 - 세계를 잇는 '6차'의 과학 スモールワ ールド・ネットワーク－世界をつなぐ「6 次」の科学〉치쿠마쇼보

모토아키 히로시 편 〈성격 이론(성격 심리학 새로운 강좌 1) 性格の理論(性格心理学新講座 1)〉가네코쇼보

오아시 오사무 저 〈심리학사 心理学史〉나카니시아출판

사토 타츠야·스즈키 토모코·아라카와 아유무 편저 〈심리학 역사(심리학 포인트 시리즈) 心理学史(心理学のポイ ント・シリーズ)〉가쿠분샤

스즈키 아키라 저 〈도설 프로이트 정신의 고고학자 図説 フロイト 精神の考古学者〉가와데쇼보신샤

하야시 미치요시 저 〈도설 융 자기 실현과 구원의 심리학 図説 ユング 自己実現と救いの心理学〉가와데쇼보신샤

시부야 쇼조·오노 아츠코 저 〈손에 취하도록 심리학 용어가 알 수 있는 책 手にとるように心理学用語がわかる本〉 간키출판

오노 아츠코 저 〈손에 취하도록 발달 심리학을 알 수 있는 책 手にとるように発達心理学がわかる本〉 간키출판

와다 히데키 저 〈보다 안다! 프로이트와 아들러의 심리학 比べてわかる！ フロイトとアドラーの心理学〉 세이슌
　출판사

사이토 이사무 저 〈도해 잡학 인간관계의 심리학 図解 雑学 人間関係の心理学〉 나쓰메사

마츠모토 케이키·구노 토오루 감수 〈도해 잡학 심리학 입문 図解雑学 心理学入門〉 나쓰메사

사이토 이사무 저 〈도해 잡학 세상이 안다! 사회 심리학 図解 雑学 世の中がわかる! 社会心理〉 나쓰메사

오이 코사쿠 저 〈사상 최강 컬러 일러스트 프로가 가르치는 심리학의 모든 것을 알 수 있는 책 史上最強カラー図解
　プロが教える心理学のすべてがわかる本〉 나쓰메사

심리학 전문학교 파이브아카데미 저 〈임상 심리학 빈출 키워드 & 인물 사전 臨床心理学 頻出キーワード＆キーパ
　ーソン事典〉 나쓰메사

시부야 쇼조 저 〈재미있는 만큼 쉽게 이해한다! 심리학 책 面白いほどよくわかる！ 心理学の本〉 세이토샤

사이토 이사무 저 〈재미있고 쉽게 이해한다! 심리학 입문 心理学入門〉 아스펙트

Marcus Weeks 저, John Mildinhall 감수, 와타나베 시게토 역 〈10대부터의 심리학 도감 10代からの心理学図鑑〉
　산세이도

Catherine Collin 저, 고스다 켄 역, 이케다 켄 용어 감수 〈심리학 대도감 心理学大図鑑〉 산세이도

다나카 마사토 편저, 카츠키효 저 〈사회학 용어 도감 社会学用語図鑑〉 프레지던트사

다나카 마사토 저, 사이토 테츠야 편·감수 〈철학 용어 도감 哲学用語図鑑〉 프레지던트사

고데라 사토시 편 〈윤리 용어집 倫理用語集〉 야마카와출판사

고데라 사토시 편 〈다시보기 산천 철학 - 말씀과 용어 もういちど読む山川哲学−ことばと用語〉 야마카와출판사

고등학교 공민과 윤리 교과서 도쿄서적/시미즈서원/야마카와출판사/스켄출판

인물과 용어로 살펴보는 심리학

심리학용어 도감

2021. 6. 17. 초 판 1쇄 발행
2023. 11. 8. 초 판 2쇄 발행

감 수 | 사이토 이사무
지은이 | 다나카 마사토
감 역 | 김지수
옮긴이 | 김기태
펴낸이 | 이종춘
펴낸곳 | BM ㈜도서출판 **성안당**

주소 | 04032 서울시 마포구 양화로 127 첨단빌딩 3 층 (출판기획 R&D 센터)
10881 경기도 파주시 문발로 112 파주 출판 문화도시 (제작 및 물류)

전화 | 02) 3142-0036
031) 950-6300

팩스 | 031) 955-0510
등록 | 1973. 2. 1. 제 406-2005-000046 호
출판사 홈페이지 | www.cyber.co.kr
ISBN | 978-89-315-5746-6 (03180)
정가 | 18,000 원

이 책을 만든 사람들
책임 | 최옥현
진행 | 김해영
본문 · 표지 디자인 | 임진영, 박원석
홍보 | 김계향, 유미나, 정단비, 김주승
국제부 | 이선민, 조혜란
마케팅 | 구본철, 차정욱, 오영일, 나진호, 강호묵
마케팅 지원 | 장상범
제작 | 김유석

원서 _ 일러스트레이션 | 다마이 마유코, 일러스트 디렉션 | 다나카 마사토, 편집 협력 | 하시모토 마사오,
디자인 | 다나카 마사토

■ 도서 A/S 안내

성안당에서 발행하는 모든 도서는 저자와 출판사, 그리고 독자가 함께 만들어 나갑니다.
좋은 책을 펴내기 위해 많은 노력을 기울이고 있습니다. 혹시라도 내용상의 오류나 오탈자 등이
발견되면 "좋은 책은 나라의 보배"로서 우리 모두가 함께 만들어 간다는 마음으로 연락주시기
바랍니다. 수정 보완하여 더 나은 책이 되도록 최선을 다하겠습니다.
성안당은 늘 독자 여러분들의 소중한 의견을 기다리고 있습니다. 좋은 의견을 보내주시는 분께는
성안당 쇼핑몰의 포인트 (3,000 포인트) 를 적립해 드립니다.
잘못 만들어진 책이나 부록 등이 파손된 경우에는 교환해 드립니다.